FACULTÉ DE DROIT DE LYON

MM. Caillemer ✻, doyen, professeur de Code civil.
Mabire, professeur de Code civil.
Garraud, professeur de Droit criminel.
Appleton, professeur de Droit romain.
Brémond, professeur de Procédure civile.
Flurer, professeur de Code civil.
Thaller, professeur de Droit commercial.
Rougier, professeur d'Economie politique.
Enou, professeur de Droit administratif.
Audibert, agrégé, chargé du cours de Droit romain.
Hanoteau, agrégé, chargé du cours des Pan-dectes et de Législation industrielle.
Cohendy, agrégé, chargé du cours de Droit constitutionnel.
Giraud, secrétaire, agent comptable.

Président : M. Caillemer, doyen.
Suffragants : MM. Mabire, professeur.
Garraud, id.
Appleton, id.
Flurer, id.
Hanoteau, agrégé.

À MON PÈRE

À MA MÈRE

THÈSE POUR LE DOCTORAT

De l'Influence de la bonne foi sur la Possession Immobilière.

DROIT ROMAIN

PREMIÈRE PARTIE

INTRODUCTION

1. — S'il est un fait qui s'impose au législateur désireux de réaliser l'équité naturelle, son guide constant dans la tâche difficile qui lui incombe, ce fait, c'est à coup sûr la bonne foi, dont l'influence se manifeste avec d'autant plus d'énergie qu'un peuple jouit d'une civilisation plus parfaite. Il n'appartient en effet qu'à une nation déjà policée de tenir compte de cet élément purement moral que l'analyse révèle et que la loi doit protéger.

Dans cette étude sur la bonne foi, je me bornerai à en examiner les effets sur la possession immobilière : restreindre son sujet est une condition souvent bien difficile, et à laquelle cependant, dans un travail tel que celui-ci, on est forcé de s'astreindre. Sans doute, la bonne foi produit les résultats les plus intéressants dans toutes ou presque toutes les branches du droit. Synthétiser cet ensemble en dégageant les principes philosophiques qui ont dicté les solutions diverses, serait une tâche bien digne d'attirer l'attention d'un jurisconsulte, et de solliciter ses efforts : mais cette entreprise est trop au-dessus de mes forces d'une part, et de l'autre m'entraînerait trop loin, pour que je me risque à l'entreprendre.

Du reste, étudier la bonne foi en matière de possession immobilière est un champ déjà si vaste que, je dois l'avouer, je fus effrayé de son étendue. Aussi, dans les pages qui vont suivre, serai-je forcément très-concis dans des théories qui mériteraient de plus grands développements ; quoi qu'il en soit, j'ai cherché, avant tout, à grouper les principes auxquels les jurisconsultes ont rattaché leurs nombreuses solutions ; j'ai essayé de montrer plutôt les courants d'idées diverses, auxquels ils ont successivement obéi, que de scruter les détails qui abondent et courent risque de vous égarer.

2. — Le nombre des documents que j'avais à consulter était donc assez considérable : il servira d'excuse aux lacunes et à l'imperfection de mon travail. Ce n'étaient pas seulement les textes classiques qu'il me fallait lire, mais encore les commentaires signés de noms illustres dans la science tant en France qu'en Allemagne. Dans ce dernier pays surtout, l'investigation persévérante de jurisconsultes éminents et de savants professeurs a approfondi cer-

tains côtés de la théorie que j'étudie ; mais je ne sache pas qu'un examen d'ensemble ait été entrepris par aucun d'entre eux. C'est là ce que j'ai tenté de faire, sans avoir la présomption de croire que, dans cette coordination de matériaux épars et de doctrines divergentes, je sois parvenu à réaliser le but que je m'étais proposé.

Une autre difficulté de mon sujet consistait à trouver un cadre dans lequel je pusse, sans paraître m'écarter d'un ordre logique, placer les nombreux détails qui semblent n'avoir entre eux aucune liaison. Ce lien, j'ai cru le découvrir dans la bonne foi ; j'ai été conduit, par conséquent, à placer en tête de cette étude quelques considérations générales sur la bonne foi envisagée en elle-même et analysée quant à ses éléments constitutifs. Dans cette espèce d'introduction aux théories souvent ardues qui suivront, se trouve tout naturellement la place des quelques grands principes qui rayonnent sur toutes les applications et dont le législateur romain ne s'est jamais départi grâce à cette rigueur, à cette solidité de doctrines et de raisonnement qui ont fait appeler le droit romain *droit mathématique*, par l'un des plus grands génies dont l'Allemagne s'honore (1).

3. — Cela fait, cette première assise de mon sujet posée, il me fallait classer les applications de ces principes : c'est là que la tâche devenait délicate ; bien que restreignant mon étude à l'influence de la bonne foi sur la possession immobilière, les théories les plus diverses s'offraient à moi, j'avais, entre autres, à traiter la bonne foi en matière d'usucapion, l'acquisition des fruits, les diverses voies légales.

---

(1) Leibnitz.

organisées pour protéger le possesseur de bonne
foi, et cette énumération est, on le verra, bien loin
d'être complète. Aussi, ai-je pensé devoir faire une
partie spéciale pour l'usucapion où la bonne foi joue
le plus grand rôle, on peut même dire que c'en est
l'effet le plus important ; continuant ensuite à énumérer ses effets, j'arriverai à l'acquisition des fruits
où les hypothèses les plus variées se présentent tour
à tour, et où les controverses les plus ardentes se
rencontrent. En effet, pour déterminer le quantum
dés fruits acquis au possesseur de bonne foi, il faut
faire une théorie complète de la restitution des fruits;
or, on le sait, il est peu de problèmes juridiques qui
aient soulevé autant de difficultés et sur lesquels les
avis soient plus partagés ; on voit, qu'en faisant successivement varier l'action à laquelle le possesseur
de bonne foi est défendeur par hypothèse, les restitutions changent ; on voit que l'examen du sénatus-
consulte Juventien rentre dans mon sujet, et qu'a-
lors, j'aurai à exposer l'influence si curieuse que ce
monument législatif, promulgué pour l'action en
pétition d'hérédité, a exercée sur les autres actions
réelles telles que la revendication et l'action hypothécaire.

Tel sera l'objet de la deuxième partie de ce travail ; mais, après avoir édicté un droit, après en
avoir précisé les effets, le législateur qui s'en tien-
drait là, aurait fait une œuvre bien imparfaite. Sans
sanction, la loi est une loi morale, ce n'est pas une
loi parfaite, pour me servir d'une expression latine:
c'est une arme platonique, si l'on me permet le mot,
aussi les Romains, ces grands maîtres du positi-
visme antique, ont-ils organisé avec soin les moyens
légaux de protection accordés à la bonne foi; après

en avoir montré successivement les effets dans les
deux parties dont je viens de parler, j'aurai donc à
m'expliquer sur les diverses protections introduites
pour le possesseur de bonne foi ; mais, là encore,
les obstacles naissent à chaque pas ; plus on appro-
fondit un sujet, plus l'abîme se creuse devant vous,
et le regard, trop souvent, se perd dans les ténè-
bres ; si j'emploie cette comparaison qui peut paraître forcée au premier abord, c'est que je crois
pouvoir affirmer qu'il n'y a pas, dans d'autres branches du droit, des parties plus hérissées de difficultés que celle de la protection donnée à la bonne foi.

En jetant un coup d'œil sur la dernière partie
de mon travail, on pourra s'assurer que trop souvent le vague et l'indécision sont les seuls résultats
des recherches les plus consciencieuses des jurisconsultes les plus exercés. Les textes sont souvent
injustifiables en raison pure, souvent aussi leurs
termes nous paraissent ambigus et la sagacité naturelle est le seul fil d'Ariane laissé aux investiga-
teurs.

Le but que je me suis proposé en entreprenant
l'examen des effets de la bonne foi sera-t-il atteint ?
Mon plan est-il de nature à pouvoir comprendre
dans son cadre les principales difficultés de la matière dans un ordre suffisamment logique ? Je n'ose
m'en flatter ; cette étude tout entière ne devrait être
que le prologue d'une vue d'ensemble sur les effets
de la bonne foi ; alors seulement, on pourrait s'élever assez haut pour être maître de tous les principes et de toutes les règles : alors seulement, on pourrait voir avec toute la netteté désirable, l'harmonie
merveilleuse que les Romains savaient mettre dans
leurs institutions juridiques ; mais, je l'ai déjà dit, et

je le répète, ce travail eût exigé des développements hors de propos pour une thèse : trop heu-
reux si mes efforts sur un sujet aussi restreint, ont
produit une œuvre que mes professeurs ne trouvent
pas trop indigne des soins qu'ils m'ont prodigués !

4. — J'aborde immédiatement l'étude, la bonne-
foi en elle-même.

Je la définis : un état de l'âme tel que l'on s'imagine à tort avoir un droit qui n'existe pas en réalité.

Cette définition, dont les termes sont aussi com-
préhensifs que possible, me semble être la seule qui
puisse convenir à tous les cas ; sans doute, on devra, dans chaque catégorie de faits, définir autrement la bonne foi, et c'est ce que je ferai moi-même
plus loin ; pour le moment, je ne m'occupe de la
bonne foi que *lato sensu*.

D'après cela, on voit que la bonne foi repose sur
une erreur. Assurément, on peut, dans le langage
du monde, concevoir une bonne foi absolument in-
dépendante de l'erreur ; alors on entendra par là
une qualité de l'âme qui pousse à agir avec loyauté.
Mais tel n'est pas le sens juridique, et le jurisconsulte n'a point à s'inquiéter d'une bonne foi sans
erreur (1).

Toutefois, il faut y prendre garde : s'il est vrai de
dire que la bonne foi suppose toujours une erreur,
la réciproque de cette proposition est loin d'être
exacte. L'erreur peut exister sans qu'il y ait bonne
foi. Un exemple fera mieux ressortir ma pensée : Je
me suis mis en possession du fonds A, persuadé que
je n'avais aucun titre, tandis qu'au contraire j'en

---

(1) « La bonne foi est à l'erreur ce que l'effet est à la cause. »
(Le Sellyer, tome I, nº 114.)

avais un parfaitement valable, il est clair que, dans
ce cas, j'aurai une mauvaise foi évidente quoique je
sois dans l'erreur sur un point, savoir : l'existence
d'un titre. Je fais remarquer, en passant, que l'erreur
supposée et sous-entendue dans la bonne foi porte
sur la légalité de la possession que l'on s'imagine
avoir. Quoi qu'il en soit de ce qui précède, je ne veux
retenir pour le moment qu'une seule chose, c'est
que la bonne foi a pour base une erreur ; par conséquent, déterminer à quelles conditions le législateur
peut tenir compte de l'erreur, c'est déterminer, du
même coup, quand il y aura bonne foi excusable et
suffisante.

5.— La seule erreur valable est celle que l'on peut
appeler *justus* ou *probabilis error, justa ignorantia,*
(fg. 11, § 10 (D. 11, 1). Or, de deux choses l'une : ou
l'erreur porte sur le droit ou elle porte sur le fait ;
de là, deux grandes catégories d'erreurs à examiner
au point de vue qui nous occupe.

Il est une règle classique qu'un ancien brocard
formule ainsi : « Error juris nocet, error facti non
« nocet », (fg. 9, D. 22, 6), ou bien : « Nemo legem
« ignorare censetur. » (L. 12, C. 1, 18). Considérons
de plus près cette double règle, et voyons si nous
ne, pourrons pas rattacher les deux idées à un
principe unique.

Il est presque naïf de dire que, pour qu'une erreur soit excusable, il faut qu'elle n'implique pas
une négligence trop grande ou une insouciance
trop caractérisée, *negligentia crassa, nimia securitas,*
disent les textes. Cette idée si simple est, je crois,
la seule à retenir pour avoir la clef de toute la théorie de l'excusabilité. En effet, ignorer la loi suppose

une négligence coupable (1) ; la présomption est donc que tout le monde la connaît, mais, comme nous le verrons plus tard, cette présomption peut être détruite par la preuve contraire dans plusieurs circonstances, preuve que la personne invoquant le bénéfice de l'erreur, devra prendre à sa charge. Au contraire, en règle générale, l'erreur de fait est excusable, par exemple dans le cas où elle porte sur le fait d'autrui. Cela revient à dire que la présomption de négligence est renversée ; au premier cas, (erreur de droit), elle pèse sur la personne qui se trompe et doit être détruite par elle ; au deuxième cas (erreur de fait), c'est à l'adversaire de la personne qui se prétend trompée à établir que l'erreur de cette dernière est inexcusable et qu'il y a négligence de sa part.

Telle est, en quelques lignes, la belle théorie que M. de Savigny a développée dans son Système ; cette synthèse puissante de l'éminent romaniste montre que le principe est unique, et que, par suite, les deux termes de la règle latine énoncée tout à l'heure ne sont que l'application d'une même idée.

5. — Reste à déterminer dans quels cas le législateur romain considère une erreur comme excusable. Il n'est pas aussi facile de résoudre la question que cela peut paraître au premier abord, car les Romains eux-mêmes n'ont pas eu sur ce point, je crois pouvoir l'avancer, de théorie complète et bien fixe. Les quelques considérations qui vont suivre le prouveront, je l'espère.

---

(1) Disons tout de suite que la règle *nemo legem*... absolument inflexible en matière pénale, admet en droit civil privé des dérogations nombreuses et indispensables.

Et d'abord, pour ce qui est de l'erreur de droit, elle peut, par exception, être invoquée :

1° Par les femmes (1) ; (fgs. 8 et 9, D. h. tit. 22, 6);

2° Par les mineurs de vingt-cinq ans (2) ; (fg. 7, § 6 de min. D. 4, 4. L. 11, C. h. tit. 1, 18);

3° Par les paysans ou illettrés (*rustici*) ; (fg. 2, § 7. D. 49, 14 (3) ;

---

(1) Cette règle fut exacte pendant toute la période classique du droit romain ; ce ne fut qu'en l'année 469 de notre ère, que l'empereur Léon en restreignit la portée et les effets ; à partir de ce moment, le principe énoncé au texte, ne fut plus vrai que dans les cas spéciaux où la loi autoriserait l'erreur de droit pour les femmes ; ce qui était la règle devint donc l'exception. La preuve manifeste du changement législatif se trouve d'abord dans la loi 13 C. h. tit. (1, 18) : « ne passim li- « ceat mulieribus... » et ensuite dans le rapprochement de la loi 3 au Code Théodosien (2, 16 de Integ. rest.) qui date de 414, avec la loi 8 au Code de Justinien (2, 22) qui n'est que la reproduction de la précédente moins les trois premiers mots : « et mulieribus et... » ce qui démontre la modification intervenue entre les années 414 et 469.

Il est à remarquer, que, même avant Léon, les femmes n'étaient pas admises à invoquer l'erreur du droit lorsqu'il s'agissait de réaliser un gain. La loi 11 C. (h. tit.) en fait foi. Je n'ai pas à entrer ici dans tous les détails que la question comporterait ; cela m'entraînerait à écrire une théorie complète de l'erreur, ce qui n'est point mon sujet.

(2) Les mineurs, malgré cette règle, ne seraient point admis à invoquer l'ignorance de la loi pénale, au moins en tant que celle-ci réprime des faits coupables *jure gentium ;* mais ils n'encourraient aucune peine pour des faits punis seulement par le *jus civile.*

(3) Encore faut-il qu'ils n'aient pas pu consulter, (fg. 9, § 3, D. 22, 6, de juris et facti). La règle énoncée au texte n'est, du reste, pas absolue ; elle souffre des exceptions assez nombreuses nous en verrons une en matière d'usucapion. Citons encore en passant : fg. 2. Si quis in jus voc. D. (2, 5) ; fg. 1, fg. 11, § 4,

4° Par les soldats (1) ; L. 8, C. h. tit. (1, 18) ; fg. 9, § 1, D. (h. tit.).

L'erreur de droit n'est pas punissable non plus quand elle porte sur l'interprétation d'une question controversée. Comme le fait remarquer M. de Savigny, dans son traité de l'erreur (Syst. III, appendice) dans les cas où les deux grandes écoles de juristes romains étaient en dissidence, les opinions des uns étaient de vraies erreurs pour les autres, mais l'admission de l'une de ces doctrines ne pouvait entraîner pour personne une présomption de négligence, puisque des hommes de la plus haute valeur l'avaient adoptée, et la soutenaient tous les jours avec talent contre leurs adversaires (2).

D'autre part, il faut encore admettre comme restriction au principe posé plus haut, l'hypothèse où il y a eu fraude de la part de l'une des parties à l'égard de l'autre. Dans ce cas, l'erreur, fût-ce une erreur de droit, ne peut porter préjudice à la personne trompée : on ne saurait, en effet, faire peser sur elle, aucune présomption de négligence.

6. — Quant à *l'erreur de fait*, les Romains la considéraient comme excusable quand elle portait sur le fait d'autrui ; j'aurai à signaler plus loin plusieurs applications de ce principe.

---

de his qui not. D. (3, 2) ; l. 1 C. (5, 6) ; l. 2 C. (2, 35) ; l. 8 C. (5, 31), cas où tantôt l'on admet, tantôt l'on rejette l'excuse.

(1) Les soldats ne sont pas néanmoins, à ce point de vue, assimilés aux mineurs ; ils ne jouissent pas, comme ces derniers, d'une *restitutio in integrum* générale, mais bien plutôt d'une restitution analogue à celle accordée *propter absentiam*.

(2) On peut citer, parmi tant d'autres, le frag. 38, de cond indebiti (D. 12, 6) connu sous le nom de loi *Frater a fratre*, comme l'un des textes qui ont laissé le champ libre aux controverses les plus vives.

Le droit romain a toujours permis d'invoquer l'erreur de fait, pourvu qu'elle fût excusable comme je le disais tout à l'heure ; c'est exactement la même théorie que pour l'erreur de droit, mais à la condition de renverser la présomption.

Je dois m'expliquer ici sur une règle qui semble différente de celle que je viens d'énoncer et qui paraît s'appuyer sur des textes bien décisifs : il faudrait, d'après ces textes, seulement distinguer entre le cas où l'on voudrait faire un gain et celui où l'on chercherait à éviter une perte. Dans la première hypothèse, l'erreur de fait pourrait seule être invoquée ; dans la seconde, au contraire, même l'erreur de droit pourrait l'être. Voici, en effet, ce que nous dit le fg. 7 (de juris et facti ignor. D. 22, 6) :

« Juris ignorantia non prodest adquirere volen-
« tibus, suum vero petentibus non nocet. »

Et le fg. 8 :

« Error facti, ne maribus quidem, in damnis vel
« compendiis obest ; ceterum omnibus juris error
« in damnis amittendæ rei suæ non nocet. »

Comment parvenir à concilier ces deux idées, en apparence si différentes et si opposées :

« L'erreur de droit n'est jamais excusable. »

« L'erreur de droit peut être invoquée pour éviter
« une perte ? »

Doit-on s'en tenir au principe du fg. 9 (D. h. tit.) : « Regula est juris ignorantiam cuique nocere, » ou bien s'attacher seulement aux règles des fgs 7 et 8 ? Il y a là une difficulté sérieuse, un antagonisme formel. Pour faire disparaître l'obstacle, dirons-nous avec certains conciliateurs, que la difficulté s'évanouit si l'on remarque que le législateur romain a employé des mots dont les nuances sont variables :

« *non prodest,* » « *obest,* » « *nocet ;* » que ces nuances impliquent un changement d'hypothèses et qu'il faut distinguer entre le « *damnum rei amissœ* » et le « *damnum rei amittendœ* » (1) ? Non ; M. de Savigny a prêté l'appui et l'autorité de son nom à la réfutation de cette doctrine. Cette distinction, pour lui, ne repose sur aucun texte et ne se justifie pas par la clarté de ses conséquences.

Le texte du fg. 9 reste, pour l'éminent romaniste prussien, la seule règle à consulter : quant aux fgs 7 et 8, voici, je crois, comment on peut les expliquer en se conformant uniquement aux règles que j'ai admises plus haut.

Si je commets une erreur de droit en voulant éviter une perte (*damnum emergens*), cette erreur devient excusable, ou, plus exactement, on s'oppose à ce qu'un autre ne s'enrichisse à mes dépens : ce n'est pas à l'erreur que j'ai commise que l'on donne une arme, on applique seulement cette règle de toute équité que nul ne doit bénéficier d'un acte préjudiciable accompli par un tiers qui s'abuse. Du reste, le plus souvent, dans ces hypothèses, on rencontre un dol, une fraude, une série de machinations de la part de l'autre partie, et alors on retombe sous l'empire de la règle : « *fraus omnia corrumpit.* » Je fais remarquer que ce genre d'erreur se produit surtout en matière d'actes bilatéraux, en matière de contrats, et que nous n'avons pas à nous en occuper.

Quant à l'erreur dans le cas d'un *lucrum cessans,* pourquoi la protégerait on ? De quel droit un homme assez négligent pour ne pas réaliser un gain

---

(1) Sic, Doneau.

qui s'offre à lui, viendrait-il réclamer du législateur une faveur quelconque? Nous n'avons ici qu'à rappeler le principe dans lequel nous rentrons, à savoir : que l'erreur est inexcusable quand il y a une négligence trop grande.

De cette discussion, pour le moment, je ne veux retenir qu'une chose, c'est que les fgs. 7 et 8 ne posent pas le principe, mais statuent seulement sur le *plerumque fit*.

Telle est, je crois, l'explication que l'on peut donner de cette antinomie apparente des textes.

7. — Il me reste maintenant, en terminant cette introduction, à indiquer en quelques lignes comment la bonne foi que je viens de définir, peut prendre fin.

L'état de l'âme nommé bonne foi est un état de fait ; c'est donc le cas de dire : « *potius res facti quam* « *juris est* ». Par suite, la détermination exacte de l'existence de la bonne foi, chez un possesseur, résulte des circonstances et n'est point, à proprement parler, une question de droit : s'il est vrai de dire qu'on la présume toujours, il faut au moins que les faits les plus patents ne viennent pas à l'encontre de cette présomption ; le juge a donc, en cette matière, un pouvoir d'appréciation fort étendu, et il est peu de règles à tracer à cet égard. Néanmoins, ne pourrait-on pas trouver certains faits qui, par eux-mêmes, constituent le possesseur en mauvaise foi ? C'est ce que je vais essayer de faire.

Primus est en possession d'un fonds de terre et *Secundus* intente contre lui la *Reivindicatio ;* ce trouble fera-t-il cesser *ipso facto* la bonne foi de *Primus ?*

Je réponds non, sans hésiter. La *litis contestatio* ne

suffit point à faire cesser la bonne foi du défendeur ; le fg. 40 (D. de hered. petit. 5, 3) nous dit, en effet : « Nec enim debet possessor... propter metum periculi temere indefensum jus suum relinquere. » Il peut se faire que le possesseur croie, à ce moment, qu'il est en face d'un autre que le propriétaire, et que, par suite, sa bonne foi se trouve encore fondée. Il en serait autrement cependant si, dès ce moment, les preuves de la propriété du demandeur étaient flagrantes, (fg. 25, § 7 (5, 3).

Mais la solution précédente devrait-elle prévaloir après la *pronunciatio* faite par le juge, après la déclaration des droits de l'adversaire ? Non, pour M. Pellat. La *pronunciatio* suffit dans tous les cas à constituer le défendeur en demeure (1).

M. de Savigny, se fondant sur un passage de Stéphane (2), soutient que cette mise en demeure n'a lieu qu'au moment où il y a *contumacia*, c'est-à-dire résistance à l'ordre du juge. Du reste, Stéphane reconnaît qu'il y a diverses autres causes propres à opérer la mise en demeure. La dépossession violente peut aussi entamer la bonne foi du possesseur. D'ailleurs, toute circonstance de nature à faire naître un doute dans son esprit sur la légitimité de son droit, détruit la bonne foi qui doit être une « *illœsa opinio quœsiti dominii.* »

8. — Sans m'attacher davantage aux principes que l'on vient de lire et dont j'ai cru nécessaire de faire précéder mon étude, j'arrive à l'examen des principaux effets de la bonne foi en matière de pos-

---

(1) Pellat, De la propriété (sur le titre 1, livre 6 D.) ad. fg. 17.

(2) Stéphane, ἑρμηνεία εἰς πλάτος.

session immobilière. Quelqu'aride que puisse sembler une énumération succinte de ces effets, peut-
être n'est-il pas inutile d'indiquer à grands traits la
marche que je vais suivre.

La bonne foi produit un double résultat : elle permet au possesseur d'invoquer l'usucapion ou la
prescription privilégiée pourvu que certaines autres
conditions se joignent à elle. Tel est l'effet le plus
saillant qui mérite, à tous égards, de fixer en premier lieu l'attention des jurisconsultes. Elle formera
l'objet de ma deuxième partie.

Ensuite, si nous laissons de côté ce point de vue,
pour ne nous arrêter qu'aux conséquences immédiates de la bonne foi pendant la durée de la possession, nous aurons à constater qu'elle confère un
droit sur les fruits de la chose.

Enfin, et tel sera le sujet de la quatrième partie
de mon travail, j'aurai à me demander si la bonne
foi ne fait pas naître un ensemble de mesures spéciales destinées à la protéger. Les questions les plus
intéressantes se soulèvent sur ce point ; par malheur, les controverses et les indécisions se retrouvent à chaque pas, et l'interprète a bien des chances
de s'égarer dans une étude aussi délicate.

DEUXIÈME PARTIE

DES PRINCIPAUX EFFETS DE LA BONNE FOI

---

§ 1. *Des effets de la bonne foi en matière d'usucapion et de prescription.*

G. II. §§ 41-61 ; Ulpien, XIX, 8 ; Paul, V. 2 ; Inst. h. tit. de usuc. II, 6 ; D. de usurp. 41, 3.

9. — Sans bonne foi, pas d'usucapion en principe. L'effet le plus important de la bonne foi est de permettre au possesseur d'un immeuble, qui remplit certaines autres conditions, d'en devenir propriétaire au bout d'un certain laps de temps. Le moment est donc venu d'étudier le rôle de cet élément indispensable pour transformer un fait en un droit.

J'aurai à examiner ici successivement :

I. De quelle nature doit être l'erreur en matière d'usucapion, et sur quoi elle peut porter;

II. Chez qui elle est exigée;

III. A quel moment la bonne foi est requise ;

IV. Si ces règles sont applicables à la prescription.

CHAPITRE PREMIER

De quelle nature doit être l'erreur en matière d'usucapion et sur quoi elle peut porter.

10. — La bonne foi est, en cette matière, une erreur de fait qui n'implique pas l'imprudence ; c'est l'application pure et simple d'un principe que j'ai déjà posé en tête de mon travail. Le législateur romain a donc été plus sévère ici que dans d'autres théories, car il décide que les *rustici* ne seront pas protégés, et qu'ils ne pourront usucaper, s'ils sont victimes d'une erreur de droit. La même rigueur s'applique aux soldats.

Je dirai donc avec le fg. 109 au Dig. (de Verb. Sign. 50, 16) : « Bonæ fidei emptor esse videtur qui « ignoravit rem alienam esse, aut putavit eum qui « vendidit jus vendendi habere, puta, procuratorem « aut tutorem esse. »

Mais je tiens à écarter tout de suite une difficulté, qui, d'ailleurs, n'est qu'apparente : on voit, d'après ce texte, que l'erreur sur le droit du vendeur, n'est pas une erreur de droit, mais bien une erreur de fait. (Gaius, Com. II, § 43). L'erreur de fait, porte, en général, sur la qualité de son auteur : on croit ce dernier propriétaire, et il ne l'est pas ; tel est le cas le plus habituel.

Cependant, il faudrait se garder de penser que la bonne foi n'existât que si l'erreur portait sur un

fait. « Elle subsiste, dit M. de Savigny (1), qu'il y ait
« erreur de fait ou de droit, mais pour l'usucapion,
« on veut une erreur qualifiée, et voilà ce qu'ex-
« prime la nécessité du titre. »

Je me réserve d'examiner bientôt en détail la
théorie du titre putatif; pour le moment, je me borne
à dire qu'en principe, ce titre ne saurait suffire.

La bonne foi est donc, en deux mots, la croyance
au bien fondé de son droit (fg. 12, Dig. de usurp. et
usuc. 41, 3). Cette croyance, pour être excusable, ne
doit pas reposer sur une ignorance du droit. « Juris
« ignorantiam in usucapione negatur prodesse,
« facti verò ignorantiam prodesse constat. » (fg. 4
D. de juris et facti ignor. 22, 6 cbn. fg. 31, pr. 41, 3).
Une application intéressante de cette règle nous est
fournie par le fg. 32, §2, D. de usurp. et usuc. (41,3).
Voici l'espèce prévue :

Un homme est en possession d'un fonds susceptible d'usucapion, mais lui, s'imagine faussement
que la loi défend, au contraire, cette usucapion.
Pomponius décide que l'usucapion est impossible
« quia in jure erranti non procedat usucapio, » nous
dit le texte.

11. — Je dois, avant de terminer l'examen de ce
principe, donner un exemple d'erreur de fait, afin
de montrer clairement la distinction profonde qui
existe entre les deux hypothèses.

Cet exemple, je le trouve dans les fgs. 25, de don.
int. vir. et ux. D. (24, 1) et 3 pro donato, D. (41, 6).
On suppose une donation de la chose d'autrui faite
pendant le mariage par un mari à sa femme; le
texte nous apprend que l'usucapion peut commencer

____

(1) Savigny, System. III, appendice p. 359 et sq.

aussitôt, parce que le mari ne s'appauvrit pas par cette donation. Or, si la femme peut usucaper, c'est quelle est de bonne foi, mais l'erreur chez elle est une erreur de fait et non une erreur de droit.

12. — Telle est la règle ; mais, à cette règle, il faut néanmoins apporter certaines restrictions ; il est tels ou tels cas où l'erreur de droit elle-même ne nuit pas au possesseur ; ainsi, voici ce que je lis au fg.25 § 6 de H. P. (D. 5, 3) : « Scire ad se non per-« tinere utrum is tantummodo videtur qui factum « scit, an et is, qui in jure erraverit : putavit enim recte « factum testamentum cum inutile erat, vel cum « (eum) alius præcederet adgnatus, sibi potiùs « deferri ? Et non puto hunc esse prædonem qui « dolo caret, quamvis in jure erret. » Ainsi, d'après Ulpien, voilà une hypothèse où l'erreur de droit est excusable.

13. — D'autre part, il est des cas où une erreur de fait elle-même semble ne pas être considérée comme relevante par tous les jurisconsultes ; je veux parler de l'espèce suivante, que certains interprètes ont fait rentrer dans la théorie de la bonne foi (fg. 2, § 15, Dig. 41, 4 pro empt.) : « Si a pupillo emero sine « tutoris auctoritate quem puberem esse putem : « dicimus usucapionem sequi : ut hic plus sit in re » quam in existimatione. » Toutefois, l'opinion con-traire est émise par d'autres textes, notamment par le fg. 48, in f. D. (41, 1) de adquir. rerum dom.. Quoiqu'il ne me semble pas impossible de concilier ces deux textes, c'est à tort que l'on a rangé dans la bonne foi cette dernière erreur de fait ; comme le fait remarquer M. Accarias(1), les actes d'un incapable

---

(1) Accarias, Précis de droit rom. T. II, p. 530, note 1.

étant nuls *ipso jure*, on est dans un cas où la juste cause, le *justus titulus*, fait défaut ; alors il est tout simple, comme nous le verrons tout à l'heure, que l'on ait discuté sur le point de savoir si l'usucapion était ou non possible. Je renvoie donc l'examen de cette hypothèse aux pages qui suivent sur le titre putatif.

14. — J'ai dit plus haut que la bonne foi ne pouvait coexister avec le doute le plus léger : je dois insister quelque peu sur cette vérité ; les fgs. 4 pr. pro emptore (D. 41, 4) et 43 pr. de adq. poss. (D. 41, 2) vont nous en fournir la preuve.

Le premier de ces textes nous met en présence d'un possesseur, qui, ayant entre les mains un domaine, est de mauvaise foi par rapport à l'une de ses parties, qu'il sait appartenir à un autre qu'à celui dont il est cessionnaire. Javolenus introduit une distinction pour trancher la difficulté : si le possesseur ne peut pas préciser quelle est la partie du domaine qui appartient au tiers, il ne pourra rien usucaper du tout, car on ne peut pas dire que, pour une seule parcelle du fonds, il soit complètement de bonne foi ; que si, au contraire, cette détermination est possible, alors le possesseur pourra usucaper tout le reste. Mais la question se discutait ; d'autres juris-consultes, sans se ranger à la distinction de Javolenus, n'admettaient l'usucapion pour aucune partie du domaine possédé. Enfin, un troisième système nous est révélé par le fg. 43 D. (41, 2) : Marcien, suivant en ce point l'avis de Julien, tenait que, dans notre hypothèse, alors même que le possesseur ne fût de bonne foi que pour une part indivise comme la moitié, le tiers, le quart, il pourrait néanmoins usucaper le reste : « Sed si pro indiviso (sciat alie-

« nam esse), licet ignoret quis sit locus, æquè eum
« capere posse. »

Le fg. 6, § 1, pro empt. D. (41, 4), nous donne, en
matière de possession mobilière une solution analogue à celle du fg. 4 (ibid.) dont je viens de parler :
ce texte prouve que Pomponius avait adopté l'opinion de Javolenus, car la distinction imaginée par
ce dernier est reproduite dans le fg. 6.

Du titre putatif.

15. — Je n'ai pas ici à présenter une théorie générale sur le *juste titre* ou *juste cause* en matière
d'usucapion ; passer en revue les nombreuses difficultés qui divisent les romanistes sur ce point serait
hors de mon sujet : qu'il me suffise de dire que
j'entends par juste titre, le fait juridique indépen-
dant de la tradition qui explique cette tradition et
qui est de nature à constituer la bonne foi (1) du
possesseur et à lui donner l'*animus domini* (2).

---

(1) Τίτλος δέ ἐστιν ἡ τῆς διακατοχῆς αἰτία, Théophile ad § 3, Inst.
de interdictis (4, 15).

Sic *Maynz*, I, p. 754.

Loi 6, C. de ingen. manum. (7, 14) « Titulus quo dominia
quæri solent. »

(2) Il y a, par conséquent, autant d'espèces de titres que de
manières d'acquérir ; il faut même remarquer, que, dans le
cas où le préteur avait le droit de transférer la propriété, la
possession ainsi conférée était toujours réputée de bonne foi
et utile à l'usucapion. (fgs. 3, in fine, et 11, Dig. de adq. poss.
41, 2) ; fg. 14, § 1, D. de relig. (11, 7) ; fg. 137, D. de reg. juris
(50, 17) Vinnius liv. I, ch. 27.

Quelques commentateurs définissent la *justa causa*, le fait qui eût été translatif de propriété si le *tradens* eût été propriétaire. D'après Savigny :

« Le titre est un commencement de possession « qui ne transfère pas la propriété, mais qui semble « la transférer, de telle sorte qu'un homme de sens « et habitué aux affaires puisse croire que la pro-« priété existait réellement. » Je préfère, pour ma part, m'en tenir à la première de ces définitions.

16. — Quoi qu'il en soit, il faut se garder de croire que si le juste titre sert de base à la bonne foi, comme je le faisais remarquer, il n'y a qu'un instant, il fasse tellement corps avec elle qu'il n'y ait là qu'une seule et même chose : et cela n'est pas une stérile discussion de mots sans intérêt pratique, car pour comprendre toute l'importance de cette distinction, il suffira de se rappeler que la bonne foi proprement dite se présume toujours, tandis que le juste titre, au contraire, doit être prouvé par celui qui prétend bénéficier d'une usucapion accomplie à son profit. Du reste, il est des hypothèses où la bonne foi suffit, tandis que le juste titre n'est pas exigé. Je les examinerai plus tard ; mais, ce fait seul démontre l'indépendance complète des deux choses. (Fg. 13, § 2, D. de Pub. in rem (6, 2).

17. — Ce que je dois faire ici, c'est uniquement de me demander si une erreur sur le titre peut, en droit romain, être prise en considération et permettre l'usucapion : en d'autres termes, je dois parcourir la théorie du titre putatif.

Je l'ai déjà dit plus haut, en passant, une erreur sur le titre peut porter, ou sur son existence ou sur sa validité : en principe, elle est inexcusable (1) : examinons si ce principe est absolu (2).

Il y a sur ce point, un certain nombre de cas où les jurisconsultes romains semblent ne pas avoir été d'accord ; les uns voulaient que le titre putatif fût complètement laissé de côté ; d'autres, au contraire, tout en reconnaissant le bien fondé de cette règle, avaient admis un certain nombre de dérogations qu'ils rattachaient à la théorie de l'excusabilité. Sans avoir la prétention d'être complet, je vais passer en revue les principales hypothèses où le titre putatif fut considéré comme suffisant : mais, je répète ici ce que je disais il y a quelques pages, en parlant de la théorie générale de l'erreur, je ne crois pas que l'on soit en mesure de délimiter rigoureusement tous les cas où les Romains se contentèrent du titre putatif : je ne crois pas qu'on puisse dresser une liste de ces hypothèses ; ils statuaient souvent d'après les circonstances de la cause, et, hommes avant tout pratiques, examinaient les faits et se demandaient tout d'abord si le possesseur méritait la protection légale par sa bonne foi plus ou moins plausible, plus ou moins excusable. (Fg. 3, § 1, D. de juris et facti ignor. 22, 6 ; fg. 3 pro don. D. 41, 6 ; fg. 25, de don. int. vir. et ux. 24, 1).

18. — Si nous ouvrons un Corpus juris au fg. 48,

---

(1) Inst. II, 6, § 11, de usuc.—Dig. fg. 1 pr. pro donato (41, 6). fg. 7, pro derelicto (41, 7), fg. 27, de usurp. (41, 3).

(2) *Stintzing*, Heidelberg 1852 : das Wesen von bona fides und Titulus in der rœmischen Usukapionslehre.

V. Vangerow, Lehrbuch, (I (303), 560.

Ihering, Abhandl. aus dem rœmischen Rechte : der Parallelismus zwischen dem wirklichen und putativen Eigenthum.

usurp. D. (41, 3) et aux fgs. 3 et 4, § 2, pro suo, D. (41, 10) (1), nous y voyons que l'usucapion est possible malgré un titre putatif dans l'hypothèse où le *tradens* lui-même est de bonne foi ; c'est le cas de dire que deux erreurs successives rendent la deuxième tout à fait excusable et suppléent au défaut de titre (2).

Une autre exception nous est fournie par les fragments 31, § 6, 44, § 4, de usurp. D. (41, 3). A dire vrai, dans ces hypothèses, il y a seulement erreur sur la qualité du titre, en vertu duquel on possède, mais non point croyance à la validité d'un titre inexistant. Nous y voyons, en effet, un homme qui a un juste titre de possession, mais qui s'imagine posséder à un autre titre. En analysant cette situation, on trouve que toutes les conditions d'usucapion existent, et par suite, il serait inique de ne pas la permettre (3). Du reste, on voudra bien remarquer que si l'on exigeait que le possesseur connût exactement en vertu de quel titre il possède, on introduirait une nouvelle condition pour l'usucapion, et rien n'autorise cette addition, car les

---

(1) V. aussi : fg. 2, pr. pro emptore, D. (41, 4) ; fg. 15, § 1, de cond. ind. D. (12, 6).

(2) *Contrà*, fg. 27, de usurp. D. (41, 3).

(3) On a même été beaucoup plus loin : dans le cas prévu par le fg. 2, § 2, pro emptore, D. (41, 4), on décide que si le possesseur a un titre quoiqu'il soit dans la persuasion erronée de n'en pas avoir, l'usucapion continue, néanmoins, à son profit, malgré sa mauvaise foi évidente. (Cf. fg. 9, § 4, de juris et facti ign. (D. 22, 6). Tel est, au moins, l'avis de Sabinus « qui « potiùs substantiam intuetur quam opinionem. » Mais, je ne dois pas insister sur cette hypothèse, qui ne saurait rentrer dans mon cadre, puisque l'on est en présence d'une erreur sans bonne foi.

textes se contentent d'exiger un titre sans prescrire que le possesseur en connaisse l'intitulé exact.

19. — Le titre putatif suffit aussi, quand l'erreur porte sur le fait d'autrui ; c'est encore l'application d'un principe que j'ai rappelé dans l'introduction générale (fg. 5, § 1, D. pro suo (41, 10). Voici quelques conséquences de cette règle :

1° Mon mandataire s'empare d'un fonds et me persuade qu'il l'a acheté : comme, par hypothèse, il n'y a pas eu de vente, il n'y a pas de *justa causa*. Néanmoins, les textes admettent que le titre putatif sera suffisant ici pour permettre l'usucapion (fg. 5, § 1, D. pro suo (41, 10), fg. 11, D. pro emptore (41, 4).

2° Un testament renferme un legs au profit de *Primus* ; ce legs est ensuite révoqué par un codicille qui demeure caché et inconnu du légataire : ce dernier n'a pas de juste cause et pourtant on lui permet d'usucaper (fgs. 4 et 9, D. pro legato (41, 8). Il n'y a pas à distinguer ici si le testateur est ou non propriétaire. Il en est de même si l'on se croit à tort héritier (fg. 33, § 1, D. de usurp. (41, 3). Le même texte donne un autre cas où l'erreur sur le fait d'un tiers, n'empêche pas l'usucapion : le voici :

Je fais, avant de mourir, un legs à Titius ; mais, il existe deux Titius entre lesquels on peut hésiter, parce que ma désignation manque de précision ; l'un des deux Titius se met en possession du legs (1), persuadé que c'est lui que j'ai voulu gratifier, tandis que c'est l'autre qui doit être, d'après ma volonté, le

---

(1) Au titre *pro legato*. Cela n'est vrai, du reste, que si le légataire ne se met pas en possession d'une manière injuste (fg. 8, D. pro leg. (41, 8).

véritable bénéficiaire. Le titre putatif suffit ici encore au premier Titius (1).

3° Un héritier s'empare d'une chose qu'il croit *res hereditaria;* mais, il se trouve que le défunt n'en était nullement propriétaire. L'erreur de l'héritier, portant sur le fait d'un tiers, n'empêche pas l'usucapion (fg. 3, D. pro hered. (41, 5). Ce point fut l'objet d'une controverse assez vive. Il faut, d'ailleurs, supposer que le défunt n'a pas possédé déjà la chose, sans quoi la possession de l'héritier serait entachée du même vice que la sienne qu'il ne ferait que continuer.

4° Ici vient tout naturellement se placer l'hypothèse dont j'ai déjà parlé (page 23), parce qu'elle semble rentrer dans la *bona fides* proprement dite, tandis qu'elle s'analyse en une erreur sur le titre qui n'existe que dans la pensée du possesseur.

On achète une chose d'un mineur que l'on croit majeur (2); le titre n'existe pas réellement puisque la vente est nulle; il y a là seulement un titre putatif. Mais l'acheteur erre sur le fait d'autrui (la majorité), aussi comprend-on la décision du fg. 2 §§ 15 et 16 pro emp. D. (41, 4) et 7, § 2 de Public. (6, 2). Toutefois cette décision elle-même ne fut pas admise par tout le monde (3). Néanmoins, je crois que l'usucapion fut permise malgré l'argument *a pari* tiré du fg. 27 de Celse D. (41, 3), car on peut, dans mon opinion, invoquer deux textes qui me semblent péremptoires. Voici ce que nous dit en effet le fg. 12

(1) Adde, fgs. 5 et 6, D. pro leg. (41, 8).

(2) Si l'on avait cru, au contraire, dans l'espèce, que le vendeur avait le droit d'aliéner, on aurait commis une erreur de droit absolument inexcusable.

(3) Voyez *Unterholzner*, Verjährungslehre (I, p. 128, 133).

D. de usurp. (41, 3) : « Si ab eo emas, quem prætor
« vetuit alienare, *idque tu scias*, usucapere non po-
« tes. » Donc, *a contrario*, si l'acheteur ignore l'incapacité du vendeur, l'usucapion sera possible.

Et le fg. 26 de contrah. emp. D. (18, 1) :

« Si *sciens* emam ab eo cui bonis interdictum
« sit..... dominus non ero. »

Ici nous sommes en face d'un incapable dont la
situation offre de nombreuses analogies avec celle
d'un pupille ; eh bien, Pomponius a grand soin de
nous apprendre que l'acheteur de mauvaise foi seul,
ayant-cause de cet incapable, sera privé du bénéfice
du contrat (1).

---

(1) Adde, fgs. 13, § 1, D. de usurp. (41, 3) ; 7, § 2, D. Publ. in
rem. (6, 2).

Il existe, en matière de titre putatif, un grand nombre d'autres discussions : l'une des plus importantes s'élève entre les
fgs. 67 de jure dot. D. (23, 3) et 1, § 4, pro dote, D. (41, 9). Voici
l'espèce :

Un homme épouse une esclave qu'il croit libre et celle-ci lui
apporte une dot ; Proculus, dans le premier de ces deux textes,
admet la possibilité d'une usucapion *pro suo*, bien que ce
titre n'existe pas réellement, la dot ne pouvant subsister sans
un mariage valable. Ulpien, au fg. 1, § 4 (41, 9), se montre plus
sévère mais aussi plus logique en nous disant : « Si putavit
« maritus esse sibi matrimonium cum non esset, usucapere
« eum non posse quia nulla dos sit ; quæ sententia habet ra-
« tionem ; » et, pour appuyer son opinion sur ce point, il invoque l'autorité de Cassius qui est dans ce sens. — Avant le
mariage la dot ne saurait se concevoir. Cependant le futur
mari peut usucaper déjà les choses à lui remises ; seulement
c'est alors au titre *pro suo* et non au titre *pro dote*, fg. 1, § 2,
D. pro dote (41, 9).

Les divergences et les controverses se trahissent d'ailleurs
à chaque pas.

20. — Je citerai encore une série de cas où l'erreur sur le titre n'empêche pas l'usucapion, c'est
lorsque le principe de droit est l'objet d'une controverse. J'ai déjà eu à constater le fait dans l'introduction générale. Remarquons que cette erreur n'en est
pas une à proprement parler, et s'analyse seulement
en une interprétation particulière d'une théorie en
elle-même douteuse ; aucune négligence ne peut
être reprochée à la personne qui adopte cette interprétation ; par exemple les Sabiniens validant le legs
fait sous une condition impossible, l'usucapion de
la chose léguée devra être reconnue valable au titre
pro legato, même par un préteur proculéien dont la
doctrine différait.

21. — Dans toutes ces hypothèses, le titre putatif était considéré comme un titre réel, mais c'était
à celui qui voulait usucaper à prouver que ce titre
putatif existait ; on ne le présumait pas, et tel est
l'intérêt qu'il y a, je le répète, à ne pas le confondre
avec la bonne foi proprement dite qui, par contre, se
présumait tonjours.

22. — Depuis la réforme de Léon, en 469, les femmes ne purent plus invoquer l'erreur sur le titre
pour l'usucapion ; c'est pourquoi je n'ai rien dit de
cette règle en m'occupant du titre putatif.

Le fg. 6, pro derelicto, D. (41, 7) pose la règle générale sur la
nécessité du juste titre, mais ce principe est formellement
contredit par le fg. 4 eod., de Paul.

A en croire Hermogénien, l'opinion de ceux qui voulaient
que le titre nul pût servir de base à l'usucapion, avait fini
par triompher après de vives controverses (fg. 9 pro legato, D.
. 41, 8).

23. — Sous Justinien, une deuxième réforme s'est opérée. Le titre putatif est complètement rejeté ; l'empereur s'est donc rangé au système des jurisconsultes les plus rigoureux ; c'est là la règle formulée au § 11 des Institutes (II, 6) et dans les lois 4, C. de usuc. pro herede (7, 29) et 5, C. de præsc. longi temp. (7, 33), (L. 24, C. de R. V. 3, 32).

Faut-il, comme le veulent certains auteurs, faire remonter la réforme au règne de Dioclétien ? Il semble que l'on doive admettre l'affirmative, car les Constitutions impériales postérieures à cette date, consacrent toutes la règle absolue qui prohibe le titre putatif. Ce qui est certain, c'est que l'œuvre Justinianéenne renferme des antinomies nombreuses sur ce point, quoi qu'en ait dit le prince qui la promulgua.

24. — Et maintenant, que pouvons-nous conclure de tout ce qui précède ? Sommes-nous en mesure de formuler les principes qui ont guidé les rédacteurs de la loi romaine ? Je le pense, au moins en ce qui concerne la bonne foi proprement dite ; on peut, ramener, je crois, aux suivantes les règles qui ont dicté les résultats divers :

Premier principe. — L'erreur de droit ne peut servir de base à la bonne foi en général (1).

Deuxième principe. — L'erreur sur l'existence ou sur la nature du droit du *tradens* peut, au contraire, fonder la bonne foi (2).

---

(1) Fg. 4, D. de juris et factis ignor. (22, 6).
(2) Fgs 109, D. de Verb. Sign. (50, 16) ; 5. §§ 3, 4. Mandati (17, 1) ; 7, § 6, pro emptore (41, 4) ; fg. 11, ibid.

Troisième principe. — L'erreur sur la capacité du *tradens* n'empêche pas la bonne foi non plus (1).

Mais la bonne foi est une condition d'usucapion qui doit exister *erga omnes* ; posséder de bonne foi, c'est se croire pleinement propriétaire ; par suite, le défaut de bonne foi n'est point un de ces vices que l'on doit apprécier *in personam, ab adversario*, comme le disent les textes classiques pour d'autres vices de la possession.

25. — Quant au titre, que quelques auteurs considèrent comme étroitement lié à la bonne foi (2), il est beaucoup plus malaisé de formuler une théorie. Pour ma part, un examen attentif des résultats souvent opposés auxquels les Romains sont parvenus, me pousse à croire qu'on n'obéissait pas ici à une déduction bien logique d'une règle établie ; on faisait fléchir le principe devant une question d'excusabilité de l'erreur du possesseur. Ce que l'on peut dire, c'est qu'en général on exige un juste titre pour fonder l'usucapion et que la preuve de son existence doit être fournie par ce possesseur, tandis qu'il en est autrement pour la bonne foi. Mais de là à conclure à l'existence d'une doctrine bien nette sur le juste titre, il y a loin, et même il serait dangereux de l'admettre.

Le titre *pro suo*, par exemple, servait à qualifier toute possession qui n'était pas absolument injustifiable. Les prudents ne s'entendent même pas sur les cas d'application. C'est ainsi que Pomponius (fg. 4 § 2 D. pro suo 41, 10) dit qu'on usucape au titre

---

(1) Fg. 7, § 2, D. de Public (6, 2) ; 13, § 1 de usurp. (41, 3) ; fg. 2, § 15, pro emptore (41, 4).

(2) *Stintzing* notamment : das Wesen von bona fides, p. 109.

pro suo, dans un cas où Javolenus croit que c'est
au titre *pro legato* (fg. 5 D, pro legato 41, 8). Paul
admet le titre *pro emptore* dans un cas où il n'y a
pas de vente valable (fg. 2 § 9 D.pro empt. 41, 4).
Le fragment 33 § 1, D de usurp. (41, 3) de même.
appelle possession *pro herede*, la possession d'un
homme qui croit être héritier sans l'être en réalité.

D'après cela, peut-on affirmer hautement que les
Romains aient eu une théorie bien précise sur ces
matières? Non assurément. « Les sources dit M.
« Stintzing (1), ne nous permettent pas de formuler
« un criterium sûr, qui nous autorise à fixer les limi-
« tes entre le *titulus verus* et le *titulus putativus*.» Les
controverses nombreuses que tous les textes révèlent
trahissent les indécisions. Le génie des juriconsultes
romains a cédé à deux influences : celles des circonstances, variable comme l'espèce en question,
et celle du courant général des idées de son époque
et de son école. Sans doute les règles qui précèdent
ont pu lever quelques incertitudes ; mais croire à
une unité complète c'est méconnaître le témoignage
des monuments classiques, et vouloir, à tout prix,
faire d'une série de solutions, une doctrine homo-
gène et scientifique.

CHAPITRE II

Chez qui la bonne foi est exigée.

26. — Ce chapitre semble presqu'inutile d'après
son intitulé, car il va sans dire que la bonne foi doit

---

(1) *Stintzing,* op. cit. p. 97, § 22).

exister chez la personne qui veut bénéficier de l'usucapion et chez elle seule. Cependant on conçoit que certaines complications puissent naître, si l'on suppose l'intervention d'un tiers pour l'acte de prise de possession. Telle est l'hypothèse que je vais examiner en quelques lignes.

Je suppose que le mandataire de *Primus* soit chargé d'entrer en possession pour lui et que *Primus* sache à quel moment cet acte s'accomplit. Dans ce cas, c'est le fg. 11, D pro empt. (41, 4) qui nous l'apprend, la bonne foi est requise chez le mandant seul et la mauvaise foi du mandataire n'y fait rien :
» Nam si forte servus vel procurator cui emendam
« rem mandasset persuaserit ei se emisse, atque ita
« tradiderit magis esse ut usucapio sequatur. »

27. — Mais la règle que l'on vient de lire devrait être renversée dans un cas tout particulier, celui où l'on acquiert *ex causa peculiari*. On sait que cette hypothèse présentait à Rome un caractère spécial relativement aux personnes chez lesquelles était requis *l'animus possidendi* : le *pater*, le *dominus* qui avait constitué le pécule acquérait la possession *etiam ignorans* : or cette dérogation en amena aussi forcément une pour la bonne foi. C'est le fg. 2 § 10 D, pro empt. (41, 4) qui formule la règle :
» Si servus tuus peculiari nomine emat rem quam
« scit alienam, licet tu ignores alienam esse, tamen
usu non capies. »

Et le § 12 : » Pomponius quoque in his quæ
« nomine domini possideantur, domini potiùs quam
« servi voluntatem spectandam ait : quod si pecu-
« liari tunc mentem servi quærendam et si servus
« mala fide possideat, eamque dominus nanctus sit
« ut suo nomine possideat, adempto puta peculio,

« dicendum est ut eadem causa sit possessionis,
« et ideo usucapio ei non magis procedat. (1) »

28. — Pour les personnes morales et pour les autres incapables, le représentant légal a mission d'acquérir. On ne peut exiger de leur part la connaissance de la prise de possession. La bonne foi ne sera donc requise que chez le représentant. (Fgs.1 §§ 9-12 ; 2 D. de adq. poss. 41. 2 ; 13 § 1 de acq. rer. dom. (D. 41, 1) ; 31 § 2 eodem.

CHAPITRE III

A quel moment la bonne foi est requise. — De la jonction de possessions.

29. — » Si ex testamento, vel ex stipulatu res « debita nobis tradatur ejus temporis existimatio- « nem nostram intuendam, quo traditur, » dit le fg. 15 § 3, D. de usurp. et usuc. (41, 3).

Ce texte répond à l'intitulé de notre chapitre, en nous apprenant que la bonne foi est exigée au moment de la tradition et à ce moment là seul, en principe. En effet, il est une règle célèbre du droit romain que l'on formule en ces termes : « Mala « fides superveniens non nocet. » (2). Plus loin, je

---

(1) Cf. fgs. 31 § 3 D. de usurp. (41, 3); 2 § 13, D. pro empt. (41, 4).

(2) Fg. 13 D. pro empt. (41, 4) ; fg. 22 § 3 D. (40, 12) ; fg. 7 § 4, D. pro empt. (41, 4) ; Inst. hoc titulo 2 § 12 (II, 6).

M. Stintzing (das Wesen von *bona fides* und *Titulus*, p. 35), cherche à expliquer cette règle. Fidèle au principe qui domine tout son livre, il la fait découler de la théorie du *furtum*. Pour le *furtum*, dit-il, il faut, on le sait, la coexistence simultanée

me propose d'esquisser à grands traits les dérogations qu'on y apporta successivement. En droit classique il importe peu que, *ex post facto*, on ait des doutes sur son droit ou même que l'on apprenne pertinemment que la chose est une *res aliena*.

Soit d'abord un père ou un maître qui a constitué un pécule à une personne en puissance : cette dernière entre de bonne foi en possession d'un immeuble, et à l'insu du constituant du pécule : comme on est en présence de l'un des cas exceptionnels où la possession s'acquiert *etiam ignoranti*, et cette possession étant, par hypothèse, de bonne foi à l'*initium,* alors même que le père ou le maître serait de mauvaise foi au jour où il en aurait connaissance, l'usucapion sera néanmoins possible. C'est la décision formelle et logique du fg. 2, § 13, D. pro empt. (41, 4).

Mais il faudrait donner la solution contraire, comme nous l'indique d'ailleurs la fin du même texte, si le maître ou le père avait, dès le jour de l'entrée en possession, été de mauvaise foi et connu tout de suite cette mise en possession (1).

30. — Un autre cas où la règle s'applique est celui de la jonction de possession ; on sait en effet, que, sous certaines conditions, un possesseur pouvait bénéficier de la possession de son auteur en

---

de l'*animus furandi* et de la *prise de possession* (fg. 1, §§ 2, 3, 67 pr. de furtis (47, 2). il en résulte que celui qui entre en possession sans mauvaise foi n'est point un voleur, et que ce caractère lui reste, quelle que soit d'ailleurs la durée de sa possession, et quels que soient les événements ultérieurs. De là aussi, découlerait tout naturellement notre maxime.

(1) Cf. Loi 9 de præsc. long. temp. C. 7, 33.
Fg. 4 § 18, D. de usurp. (41, 3) — Fg. 44 § 2 eodem.

joignant cette possession à la sienne : je tiens à montrer en quelques lignes la connexité que cette théorie présente avec notre principe.

A. *Successeurs à titre particulier*. — Pour l'individu qui succède à titre particulier, il fallait, pour que la jonction des deux possessions fût possible, que la bonne foi existât à l'*initium* chez les deux possesseurs. C'était une faveur accordée à la bonne foi : il y avait là en effet deux possessions distinctes qui, toutes deux, devaient remplir les conditions exigées pour rendre l'usucapion admissible (1) : cette première hypothèse n'a donc rien de spécial. Il est presqu'inutile de dire que l'on pouvait joindre aussi plus de deux possessions pourvu que toutes présentassent les conditions exigées en les envisageant individuellement, et qu'il n'y eût pas d'interruption entre elles (2).

31. — Ici se présente cependant une question intéressante. Je suis possesseur de bonne foi, et j'aliène en faveur de *Primus*, puis, *ex post facto*, la chose revient entre mes mains par suite d'une condition résolutoire quelconque. On s'était demandé s'il y avait là trois possessions distinctes ou une seule en appliquant le principe de la rétroactivité de la condition. Ulpien, Javolenus et Africanus décidèrent qu'il y avait trois possessions indépendantes l'une de l'autre (3) : la question d'ailleurs avait été vivement controversée ; mais dans l'opinion précédente, qui semble avoir prévalu, on arrivait à dire que, bien

____

(1) Fg. 13, § ult. D. de adq. poss. (41, 2).

(2) Fg. 5 § 1 et 6 de div. temp. præsc. D. (44, 3).

(3) Fgs. 13, § 2 de adq. poss. D. (41, 2) ; 19 de usurp. D. (41, 3) ; 6, § 1 de div. temp. præsc. D (44, 3).

que je fusse demeuré de bonne foi d'une manière continue, je ne pourrais joindre ma possession à celle de mon acheteur après la résolution du contrat, et ensuite à ma possession primitive, que si cet acheteur *Primus* était lui-même de bonne foi : dans l'hypothèse contraire, aucune jonction n'eût été possible en ma faveur.

32. — Du reste, si le successeur de bonne foi à titre particulier d'un homme de mauvaise foi, ne pouvait pas joindre les deux possessions, cela ne l'empêchait pas néanmoins d'usucaper pour son compte personnel à l'époque classique. Toutefois Justinien vint apporter une modification profonde à cette règle en introduisant dans la nov. 119, c. VII la distinction suivante :

L'ancien propriétaire de la chose vendue connaît-il l'aliénation et ne réclame-t-il pas ? Alors le possesseur de bonne foi peut usucaper par dix ou vingt ans aux termes du droit commun ; mais, par contre, si l'ancien propriétaire ignore l'aliénation, ou son droit sur la chose aliénée, ce ne sera que par la prescription de trente ans que l'acheteur pourra paralyser son action.

33. — B. *Successeurs* PER UNIVERSITATEM. Dans ce cas, pour le successeur du droit civil ou du droit prétorien, on n'avait plus à considérer que la bonne ou la mauvaise foi du premier possesseur pour savoir si la possession était ou non vicieuse : peu importait que le deuxième possesseur eût été de mauvaise foi si le premier avait été de bonne foi à l'*initium*. Ce résultat, bizarre au premier abord, est cependant la conclusion forcée d'un principe rigoureux. En effet, on ne peut pas dire ici, pour peu que l'on veuille s'exprimer avec précision, qu'il y ait une

jonction de possession : il y a seulement une *conti-*
nuation de la même possession ; le successeur universel d'un homme revêt la *persona* entière de ce
dernier ; il joue le même rôle que lui sur la scène
juridique. D'après cela, on voit que, même dans le
cas où *Secundus* serait de mauvaise foi, il n'y aurait là qu'une *mala fides superveniens* sans influence
sur la possession exempte de vices à l'origine (1).

34. — Je suppose maintenant une acquisition faite
de bonne foi par mon auteur qui a reçu tradition,
mais a été empêché d'usucaper par suite d'une circonstance à lui étrangère, parce que la chose était
hors du commerce par exemple : mon auteur meurt,
et je lui succède *per universitatem* connaissant le
vice de la chose : puis, cette chose vient à tomber
dans le commerce : pourrai-je commencer à usucaper ? Telle est la question que se pose Pomponius
au fg. 24 § 1, D. de usuc. (41, 3) et qu'il résout par
l'affirmative : en effet, la logique impose cette solution, car si la chose était tombée dans le commerce
du vivant de mon auteur, celui-ci aurait certainement commencé à usucaper ; or moi, succédant à
tous ses droits, je dois jouir des mêmes avantages
que lui, et, par suite, bénéficier de la bonne foi initiale qu'il avait eue.

---

(1) Fg. 11 de div. temp. præsc. D (44, 3) : fg. 2 § 19, pro empt.
41, 4) ; Inst. §§ 12 et 13 (II, 6) ; il semble d'après le § 12 des
Institutes que *l'accessio possessionum* ne s'appliquait pas à
l'usucapion avant Justinien, les termes du texte paraissent
faire croire que cet empereur aurait le premier édicté cette
règle. Mais ce serait une erreur. M. Maynz pense que le § 12
ne se réfère qu'à l'usucapion nouvelle introduite par Justinien
en matière mobilière : il n'aurait fait qu'étendre à cette hypothèse spéciale une règle plus générale et déjà connue.

Mais si mon auteur n'avait pas reçu tradition et si j'étais de mauvaise foi au jour de mon entrée en possession, malgré la bonne foi de mon auteur, je ne pourrais usucaper en vertu même de l'énoncé du principe que j'examine (fg 43, pr. D. de usurp. 41, 3). A l'inverse, si je suis de bonne foi au jour où la tradition m'est faite, mais si je me trompe sur la qualité du titre pensant, par exemple à tort être un acheteur, pourvu toutefois qu'il existe un titre valable, j'usucaperai néanmoins. C'est le cas de dire : « Plus « est in re quam in existimatione mentis. » Néanmoins l'héritier devrait remplir les conditions qui auraient été stipulées du défunt pour que ce dernier pût usucaper.

35. — Une vente est faite sous condition suspensive : l'acheteur croit à tort la condition accomplie, pourra-t-il usucaper ? Non évidemment, s'il n'a pas reçu tradition : non encore, si son erreur sur l'arrivée de la condition persiste jusqu'à ce moment, car on ne peut pas, nous dit Paul, sans aucune distinction, usucaper *pendente conditione* (fg. 2, § 2, pro empt. D. (41, 4).

36. — Autre hypothèse. J'acquiers de bonne foi sous condition ; la condition arrive et je suis de mauvaise foi à ce moment : que faut-il décider ?

Une distinction me semble nécessaire pour trancher la difficulté. Si je n'ai pas reçu tradition avant le commencement de ma mauvaise foi, je ne pourrai pas usucaper, c'est le principe général ; mais, *quid* pour le cas où j'aurais été mis en possession alors que j'étais encore de bonne foi ? Deux cas sont possibles :

A. — La tradition est postérieure à l'arrivée de la condition ; ici aucune difficulté : la mauvaise foi, postérieure aussi à la tradition est une *mala fides superveniens* qui n'empêche pas l'usucapion, puisqu'à un instant de raison, j'ai rempli à *l'initium* la condition de bonne foi.

B. La tradition est antérieure à l'arrivée de la condition et le commencement de ma mauvaise foi se place entre ces deux moments. La difficulté vient ici de ce que la condition accomplie ayant un effet rétroactif, il semble que tout doive se passer comme si elle s'était accomplie au moment de la tradition ; or, par hypothèse, à ce moment la bonne foi existait. Néanmoins le fg. 2 § 2, déjà cité, ne distingue pas : « pendente conditione emptor usu non capit. » Il faut donc décider, je crois, que l'usucapion est impossible malgré le principe de rétroactivité.

37.— En ce qui concerne la condition résolutoire, les textes qui traitent la question sont les fgs. 2, §§ 3, 4 et 5, eod. tit. (41, 4). Voici ce qu'il faut supposer : Une clause d'*in diem addictio* a été jointe à une vente, l'acheteur a reçu tradition, puis l'*addictio* se réalise. Il y eut controverse entre les jurisconsultes, les uns considérant cette vente comme faite sous condition suspensive, décidaient que l'usucapion était impossible pour l'acheteur ; mais d'autres, parmi lesquels se trouvent Paul et Ulpien, admettaient, au contraire, la possibilité de l'usucapion pour l'acheteur, car sa mauvaise foi n'est que *superveniens*. Cette opinion a prévalu.

38. — Arrivons maintenant aux exceptions que les Romains faisaient au principe que je viens d'étudier (1).

---

(1) Je ne parle pas dans ces exceptions du cas où le possesseur de mauvaise foi à *l'initium* acquérait ensuite de bonne

La possession, même commencée de mauvaise foi, pouvait être utile lorsqu'elle n'était que la suite, la conséquence naturelle, le développement d'une tradition antérieure reçue de bonne foi. C'est ainsi que le fg. 44, § 2, D. de usurp. (41, 3), nous apprend que, si après avoir commencé à posséder de bonne foi une esclave, celle-ci accouche chez moi après la découverte de mon erreur, je pourrai néanmoins usucaper (1). La solution aurait-elle été la même pour le cas où une colonne, par exemple, se serait détachée d'un édifice que j'aurais commencé à posséder de bonne foi ? Les textes sont muets ; mais je crois que l'identité de motifs aurait amené ici l'identité de résultats.

39. — Une deuxième exception, plus apparente que réelle, au principe que j'ai posé, est celle qui résulte des règles sur l'interruption de possession (*usurpatio*). En effet, si une cause quelconque vient interrompre l'usucapion, il semble que si la possession ne recommence qu'à une époque où le possesseur sait déjà qu'il n'est pas propriétaire, il n'y a là qu'une *mala fides superveniens* qui, en cette qualité, ne devrait pas empêcher l'usucapion pour peu que la bonne foi eût existé à *l'initium* ; mais, en réalité, l'*usurpatio* a eu pour effet d'anéantir complètement le temps écoulé avant elle, et de le faire considérer

---

foi même *a non domino*, et changeait ainsi la cause de sa possession ; on est en face ici d'une possession nouvelle ayant son *initium* spécial et retombant dans la règle générale.

(1) Ce point fut modifié par une novelle de Léon. (Nov. 29). Mais c'est là un détail relatif à la possession mobilière et sur lequel je ne saurais m'étendre. D'ailleurs, le fg. 4 pr. D. pro suo (41, 10), signale sur ce sujet une controverse entre Trebatius et Pomponius, même à l'époque classique.

comme non avenu (1); c'est donc une nouvelle possession qui recommence après *l'usurpatio* et non
point l'ancienne qui continue ; rien de plus logique
par suite que d'exiger à ce moment de nouveau la
bonne foi.

40. — J'arrive à une exception véritable ; en cas
de vente, le droit romain présentait une particula-
rité fort remarquable ; on exigeait la bonne foi de
l'acheteur au moment du contrat et au jour de la
tradition, le temps utile pour l'usucapion ne comp-
tait cependant que de la tradition. Les textes sont
formels, il n'y a qu'à s'incliner (2) ; notamment les
fgs. 2 pr. et 7, § 4 D. pro empt. (41, 4) nous disent :
« Scilicet quia in cæteris contractibus sufficit tra-
« ditionis tempus....., at in emptione *et* illud tempus
« inspicitur quo contrahitur, igitur et bona fide
« emisse debet et possessionem bonâ fide adeptus
« esse ». « Qui bona fide alienum fundum emit et
« possessionem ejus amisit deinde eo tempore ad-
« prehendisset quo scit rem alienam esse, non ca-
« piet longo tempore, quia initium secundæ posses-
« sionis vitio non carebit. Nec similis est ei qui emp-
« tionis quidem tempore putat fundum vendentis
« esse, sed cum traditur scit alienum esse. »

Ce dernier texte doit être modifié d'après la Vul-
gate ; on doit lire dans la deuxième phrase :
« nec dissimilis est ei, » au lieu de : « nec similis
« est. »

Quoi qu'il en soit de cette correction d'une leçon
défectueuse, la dérogation aux principes généraux

---

(1) Fg. 15, § 2, D. de usurp. (41, 3).

(2) Fg. 10, pr. D. de usurp. (41, 3) ; fg. 48. eod. ; fg. 7, § 17, D.
de Pub. in rem (6, 2).

est certaine. Pourquoi dans la vente exiger la bonne
foi à deux époques, tandis que dans d'autres contrats on ne la demande qu'au moment de la tradition ? Les commentateurs ont cherché une explication de cette anomalie juridique (1), et quelques-uns
ont cru la trouver en examinant de près l'édit qui
donne la formule de l'action Publicienne : « Prætor
« ait : qui bona fide *emit* ; » M. Accarias (2) admet
cette interprétation et ajoute : « Je considère cette
« rédaction de l'édit prétorien plutôt comme acci-
« dentelle que comme réfléchie ».

D'autres jurisconsultes, parmi lesquels se trouve
M. Maynz (3), ne se contentent pas de cette explication et se résolvent à un aveu d'ignorance plutôt
que de l'admettre.

Sans vouloir risquer un avis trop présomptueux
ni entrer en lutte avec des autorités aussi redouta-
bles que celles que je viens de citer, il ne me semble
pas impossible cependant d'expliquer cette règle
autrement que par une inadvertance.

En effet, on sait que l'on pouvait valablement à
Rome stipuler la chose d'autrui, et que ce contrat

---

(1) *Duarenus*, (Com. ad tit. pro emptore) pense que cela a
pour base la « *frequentia hujus tituli*. »

Donellus (tome I, 1097, 11), invoque le fg. 15, § 3, D. de
usurp. (41, 3).

Cujas (ad tit. de usurp., fg. 10) dit seulement : « Differentiæ
« causa hæc est quod salva fide scientes rem alienam emere
« non possumus, » et au titre : *Pro emptore* (D. 41, 4, note 3),
le même auteur nous dit : « Et ratio est quia repugnare vide-
« tur bonæ fidei ut quis emat rem alienam, at non pariter
« bonæ fidei repugnat ut quis stipuletur alienam. »

Stintzing (das Wesen von *bona fides* und *Titulus*), p. 116.

(2) *Accarias*, Précis de Dr. rom., I, p. 530, note 3.

(3) *Maynz*, Cours de Dr. rom., I, p. 753, § 113, note 33.

créait pour le promettant l'obligation d'acquérir la
chose puis de la livrer au stipulant. Cela posé, quel
peut être le but de l'individu qui, au lieu de stipuler
la chose d'autrui, l'achète tout en sachant pertinemment que son cocontractant n'est point propriétaire?
De deux choses l'une : cet homme se propose d'a-
cheter des facilités d'usucapion, chose que le législateur ne saurait protéger, ou bien, ce n'est au fond
qu'un stipulant, c'est-à dire un homme qui veut
obliger l'autre partie à se procurer le bien vendu.

Ce point de vue admis, la solution romaine s'impose ; en effet, le titre manque, car on ne peut pas
dire qu'il y ait vente puisqu'elle porterait sur un
objet illicite, ni qu'il y ait une stipulation valable
puisque, par hypothèse, les parties se sont conten -
tées d'une simple convention sans la revêtir des
formes légales.

Voilà, ce me semble, pourquoi la bonne foi est
requise à deux moments dans la vente, tandis que,
dans tout autre cas, on ne l'exige qu'au jour de la
tradition.

Comme M. Accarias le fait remarquer du reste,
cette règle, toute spéciale, est très-postérieure à la loi
des XII Tables, quoi qu'on ait pu dire à cet égard ; le
fragment 10 pr. (de usurp. D. 41, 3) prouve sura-
bondamment que les jurisconsultes étaient loin d'ê-
tre d'accord sur ce point délicat, controverse qui
s'explique très bien dans mon système si l'on admet
que le principe fut le résultat du raisonnement.

41. — Enfin, une dernière exception à examiner
se présente en matière d'acquisition à titre gratuit.
A l'époque classique on exigeait ici une bonne foi
persistante chez l'acquéreur. Cette solution nous est
fournie par le fg. 11 § 3 de Pub. in rem. D. (6, 2),

texte dans lequel Ulpien refuse l'action Publicienne au donataire d'une esclave, après la découverte par ce dernier que le donateur n'en était pas propriétaire ; c'est nous dire implicitement, qu'à partir de ce moment, le donataire n'est plus *in via usucapiendi*. Il en était certainement de même dans les cas de possession immobilière.

42. — Sous Justinien, cette règle dérogatoire au principe ne fut pas maintenue : dans la constitution 1re C. de usuc. transf. (7, 31), ce prince nous dit que, tant dans les acquisitions à titre gratuit qu'à titre onéreux, la bonne foi initiale suffira: « Hoc tan-« tummodo observando, ut in his omnibus casibus « ab initio eam bona fide capiat secundum quod « exigit longi temporis præscriptio. » Et plus loin : « .... ut justa detentio.... non interrumpatur ex pos-« teriore forsitan alienæ rei scientia, licet ex titulo « lucrativo ea cœpta est »

CHAPITRE IV

Ces règles sont-elles applicables à la prescription ?

43. — Avant de terminer ce qu'il me reste à dire sur le rôle que joue la bonne foi dans l'acquisition par le temps, il me faut examiner si les principes que j'ai passés en revue relativement à l'usucapion s'appliquent aussi à la prescription.

On sait que cette institution de droit prétorien s'éleva à côté de l'institution du droit civil l'*usucapion*, et qu'elle se modela autant que possible sur cette dernière en ne modifiant que les points absolument

incompatibles avec le but qu'elle se proposait d'atteindre. C'est dire que la prescription de dix à vingt
ans exigeait la condition de bonne foi chez le
possesseur aussi impérieusement que l'usucapion :
je n'ai donc, sur ce point, qu'un renvoi pur et simple
à faire à ce que j'ai dit plus haut : les principes sont
exactement les mêmes.

Je dois cependant signaler en passant, une modification introduite par l'empereur Léon. Jusqu'à
cette époque, les femmes pouvaient, en matière de
prescription de dix à vingt ans, fonder leur bonne
foi sur une erreur de droit : cet empereur leur
refusa ce bénéfice. Les *rustici* et les soldats n'étaient
pas plus excusables, d'ailleurs, en cette matière que
pour l'usucapion : une erreur de droit ne leur était
jamais suffisante pour servir de base à leur bonne
foi.

44. — Sous Justinien , la fusion entre les deux
institutions du droit classique s'opère ; il serait intéressant d'approfondir cette révolution juridique,
cette phase nouvelle d'un principe séculaire : je ne
saurais le faire ici cependant : qu'il me suffise de
dire que les conditions de bonne foi et de juste titre
restèrent exigées dans l'usucapion justinianéenne,
d'une façon même plus rigoureuse que par le passé.
Ainsi, dans aucun cas, le titre putatif ne peut plus
remplacer le titre véritable, comme je l'ai dit plus
haut (1).

---

(1) Déjà le droit prétorien avait étendu, dans son œuvre
législative, la *prœscriptio longi temporis* aux servitudes
prédiales, dans les provinces, tandis que la loi *Scribonia*
prohibait leur usucapion. Il faut remarquer ici que cette prescription, maintenue par Justinien, présentait un caractère
spécial : la bonne foi seule était requise à l'exclusion du juste

45. — Quant à la prescription trentenaire, on sait que ni la bonne foi, ni le juste titre n'étaient requis de la part du possesseur, mais que celui-ci était, au bout de trente ans seulement, libéré de l'obligation de restituer : il n'était pas question de prescription acquisitive à son profit ; on se contentait de lui donner une exception pour repousser la *Reivindicatio* du propriétaire. Cependant, une dérogation importante à cette règle avait été admise en faveur du possesseur qui avait eu la bonne foi initiale (1). Ce possesseur, au bout de trente ou quarante ans, avait, non-seulement une exception pour se défendre, mais encore une action réelle pour reprendre la chose en cas de dépossession.

---

titre : c'est ce que l'on peut inférer des fgs. 10, pr. D. si serv. vind. (8, 5); 1, § 23, D. de aq. pluv. arc. (39, 3), et des lois 1 et 2, C. de Serv. (3, 34).

(1) L. 1, § 8, C. de præsc. XXX... (7, 39).

V. Vangerow, I (325) 613.

APPENDICE

De l'usucapio libertatis fundi.

46. — La bonne foi avait un autre effet fort important, celui de faire acquérir au possesseur l'affranchissement des servitudes urbaines qui pouvaient grever le fonds, à partir du jour où un acte de contradiction aux droits du titulaire de la servitude avait eu lieu.

On lit effectivement dans le fg. 4, § 29, D. de usurp. et usuc. (41, 3): « Libertatem servitutum « usucapi posse verius est: quia eam usucapionem « sustulit lex Scribonia quæ servitutem consti- « tuebat, non etiam eam quæ libertatem præstat « sublata servitute. Itaque si, cum tibi servitutem « deberem, ne mihi (puta) liceret altiùs ædificare, « et per statutum tempus altiùs ædificatum habuero, « sublata erit servitus. »

Ce texte paraît formel en faveur de *l'usucapio libertatis fundi :* ce qu'il y a de remarquable, c'est que tous les autres fragments qui traitent ce sujet, emploient les mots : *usucapio, usucapere ;* ce fait donne une grande consistance à cette théorie (1).

______

(1) Fg. 18, § 2, D. (8, 6) ; fg. 6, D. de S. P. U. (8, 2); fg. 32, pr. ibid.; fg. 17, D. (8, 4); cf. Paul Sent. I, 17, 1; fg. 18, D. de S. P. R. (8, 3).

Windscheid, Lehrbuch des Pandecktenrechts, I, §§ 216, 248.

47. — Mais, ne faut-il pas aller plus loin encore et décider que les hypothèques qui grevaient le fonds peuvent, elles aussi, disparaître par l'usucapion accomplie au profit du possesseur de bonne foi qui a cru le bien libre de toute charge réelle? Ici, la controverse est très-vive entre les professeurs des universités allemandes. M. Windscheid s'est constitué le défenseur de l'affirmative (1). Pour lui, la loi 8 pr. C. (7, 39) tranche la question : « Si quis emp-
« tionis..... titulo rem aliquam bona fide per decem
« vel vigenti annos possederit, et longi temporis
« exceptionem contra dominos ejus vel creditores
« hypothecam ejus pretendentes sibi adquisierit,
« posteaque fortuito casu possessionem ejus rei
« perdiderit : posse eum etiam actionem ad vindi-
« candam rem eamdem habere sancimus: hoc enim
« et veteres leges (si quis eas rectè inspexerit),
« sanciebant. »

Soutenir qu'il n'y a là qu'une prescription libératoire, c'est, pour cet auteur, méconnaître complètement la portée du texte que je viens de transcrire et celle des lois 1 et 2, C. (7, 36) (2). Voici, en propres termes, comment s'exprime M. Windscheid :

« (Cette *usucapio libertatis*) est soumise aux mêmes
« règles que l'usucapion de la propriété, seulement
« à la bonne foi ordinaire concomitante à la prise
« de possession, doit s'adjoindre la bonne foi spé-

---

(1) D'autres, (Smid p. ex.) n'y voient qu'une prescription libératoire de l'action hypothécaire, qu'il y ait ou non empiètement contre le droit du créancier hypothécaire.

(2) Cf. fg. 5, § 1, fg. 12, D. de div. temp. præsc. (44, 3); L. 8, § 1, C. (7, 39).

— 53 —

« ciale, qui consiste à ignorer l'hypothèque, et la
« possession légale doit durer de 10 à 20 ans. »
« On comprend que l'acquisition instantanée de
« la propriété n'empêche pas l'*usucapio libertatis*.
« Si le possesseur n'est pas propriétaire, elle peut
« être accomplie avant celle de la propriété et réci-
« proquement. » (arg^t. L. 12, de præsc. longi temp.
C. (7, 33).

Il me suffira d'avoir indiqué la controverse : on
me permettra de ne pas me prononcer à cet égard.
La question ne me paraît pas, dans l'état actuel, de
nature à recevoir une solution qui ne soit pas
hasardée. M. Maynz (2) admet que ce ne fut qu'à
dater de Justinien que le droit hypothécaire
s'éteignit par l'usucapion de 10 à 20 ans, s'il y avait
juste titre, et par la *præscriptio longissimi temporis*
si la bonne foi existait seule (L. 8, § 1, C. de præsc.
XXX, vel XL ann. (7, 39).

---

(2) *Maynz*, Cours de droit romain, I, p. 921, nº 6.

Avant Justinien, la *præscriptio longi temporis* faisait acquérir le fonds libre de toute charge réelle ; mais, ce n'était
là qu'une prescription libératoire dans la théorie de cet
auteur.

M. Accarias, au contraire, se range à l'avis du romaniste
allemand. (Voy. Précis de droit rom., 2ᵉ éd., p. 550-551, et
Revue crit. de législat. 1874, p. 393, un article de M. Lyon-
Caen).

TROISIÈME PARTIE

Théorie générale de l'acquisition des fruits
par le possesseur de bonne foi.

48. — La grande difficulté que présente cette matière, et, d'autre part, les développements assez étendus qu'elle exige, me forcent à en répartir l'étude en deux chapitres. Dans le premier, je compte examiner les règles générales de l'acquisition des fruits par le possesseur de bonne foi ; dans le deuxième, je placerai une analyse comparative des diverses restitutions auxquelles il peut être contraint en faisant varier successivement l'action à laquelle ce possesseur peut être défendeur ; on le voit, cette deuxième partie est indispensable pour embrasser complètement tous les détails de cette théorie : elle formera, pour ainsi dire, le corollaire de la première.

CHAPITRE PREMIER

Règles générales

Textes : § 35 Inst. (II, 1) — fg. 48 § 2 Dig. (41, 1) — fg. 4 § 19 D. (41, 3) — fg. 25 § 1 D. (22, 1) — fg. 28 eod.— fg. 45 eod.

49. — Le possesseur de bonne foi fait les fruits

siens : tel est le principe bien simple, en apparence, et qui cependant a laissé, comme on va le voir, le champ libre aux controverses les plus vives.

Jusqu'ici, je n'ai eu, en parlant d'usucapion, à m'inquiéter que du possesseur de bonne foi ayant juste titre, puisque, sauf quelques rares exceptions relatives au titre putatif, celui là seul peut acquérir par le temps ; mais il peut se faire qu'un possesseur soit de bonne foi sans avoir de juste titre. Ce dernier est alors dans une situation intermédiaire entre la bonne foi complète et la mauvaise foi, situation que j'examinerai à part. Pour le moment je m'occuperai exclusivement du possesseur ayant bonne foi et juste titre. Mais je dois faire remarquer tout de suite qu'il importe peu en cette matière que la possession soit à titre onéreux ou lucratif (Inst. § 35 (II, 1), que la chose soit ou non susceptible d'usucapion (fg. 48 pr. D. (41, 1). « Nec interest ea « res, quam bona fide emi, longo tempore capi possit « nec ne. »

50. — La première chose à faire maintenant, c'est de déterminer avec précision ce qu'il faut entendre par fruits.

Il faut soigneusement distinguer les fruits d'avec les produits ; sans doute, les uns et les autres sont des biens créés par la chose sans que cette dernière soit détériorée : mais s'il est juste de dire que tous les fruits sont des produits, la réciproque serait totalement erronée ; je définirai donc les fruits un produit périodique que la chose fournit en remplissant sa destination normale *(nascitur et renascitur)*. Je prends un exemple pour éclaircir cette idée : les arbres d'une forêt sont les produits du sol, que la forêt ait été ou non mise en coupes réglées ; mais ces arbres ne prennent le caractère de fruits que si la forêt est une *sylva cædua* (mise en coupe réglée), car, alors seulement, elle aura pour destination normale de fournir périodiquement des arbres (fg. 30, D. de V. S. (50, 16); fg. 48, § 1 de usuf. et quemadmodum (7, 1). Le possesseur de bonne foi ne pourra donc les recueillir qu'à cette dernière condition, car il n'a aucun droit sur les produits de la chose (1).

51. — Les jurisconsultes romains ont déterminé avec beaucoup de soin ce qui devait être placé dans la catégorie des fruits; on doit y ranger, par exemple, les fruits proprement dits, la laine des troupeaux, le lait, etc.

Mais faut-il comprendre dans cette énumération le croît des animaux? Ici, il y eut controverse; Sabinus et Cassius, nous dit le fragment 68, § 1, de usuf. D. (7, 1), pensaient que c'était un fruit, car il y a là, disaient-ils, un fait susceptible de renouvellement périodique. D'autres, au contraire, refusaient complètement au croît le caractère de fruit : la raison alléguée par ces derniers était que le croît a pour mission de perpétuer l'espèce plutôt que de constituer un revenu.

---

(1) Une distinction analogue existait pour les mines et carrières. Fg. 9, § 2, D. de usuf. et quemad. (7, 1). — Pour que leur produit fût un fruit, acquis à l'usufruitier, il fallait que la mine ou la carrière eût été ouverte lors de la constitution de l'usufruit. Cependant l'usufruitier pouvait, sous certaines conditions, ouvrir lui-même la mine ou la carrière. — En ce qui concerne le possesseur de bonne foi son droit est parfois plus étendu que celui de l'usufruitier, car les textes l'assimilent presque complètement au véritable *dominus* : » loco domini pene est. » Fg. 48, p. D., de adq. rer. dom. (41, 1).

Entre ces deux opinions extrêmes il y aurait eu place pour un système mixte. Une distinction me semble nécessaire : si l'on considère le troupeau *in universum*, en bloc, le croît est évidemment supérieur au nombre de têtes nécessaires pour combler les vides ; à l'inverse, le croît d'un animal isolé ne devrait pas constituer un fruit, car il est destiné à remplacer l'animal producteur.

Quoi qu'il en soit de cette discussion, ce fut la première manière de voir qui triompha : sans distinction le croît fut considéré comme un fruit (1) ; mais les Romains n'appliquèrent point cette règle jusqu'au bout. Considérant l'esclave comme une chose, ils auraient dû, pour être logiques, décider que le part de l'esclave est aussi un fruit : mais l'humanité parla plus haut cette fois que la logique : la négative fut adoptée : quant au motif que nous nous en donne Justinien au § 37 des Inst. (II, 1), il est assez peu satisfaisant : » Absurdum enim videbatur,» dit-il,» hominem in fructu esse, cum omnes « fructus rerum natura gratia hominis comparaverit.» La vraie raison de cette règle nous est fournie par le fragment 27 de Hered. pet. D. (5, 3) : « ancilla- « rum etiam partus, et partuum partus, quanquam « fructus esse non existimantur quia non temere « ancillæ ejus rei causâ comparantur ut pariant...» Ce texte prouve que la loi romaine prohibait l'élevage des esclaves.

L'opinion qui se refuse à voir dans le part un

____

(1) Toutefois, le possesseur de bonne foi n'est point tenu, comme l'usufruitier, à combler avec le croît les vides du troupeau, car ce posseseur est dans la même situation que le propriétaire et ne saurait être astreint à rendre la chose sans détérioration.

fruit, ne fut pas du reste admise dès les premiers temps de la législation romaine ; même à l'époque de Cicéron, certains jurisconsultes voulaient assimiler le part au croît : tel était l'avis de Manilius et de Scævola : on nous dit que ce fut Brutus qui fit admettre le système que je viens d'exposer. Fg. 68 pr. de usuf. et quemad. D. (7,1).

Quant au trésor, il est à peine besoin de dire que ce n'est pas là un fruit, et que, par suite, le possesseur de bonne foi ne saurait en devenir propriétaire, sauf pour la partie qui peut lui être attribuée *jure inventionis* ; mais, eu égard à cette acquisition, il est sur la même ligne que le premier venu ; ce n'est point là un avantage dérivant de sa bonne foi.

52. — On sait que les jurisconsultes romains avaient divisé les fruits en trois catégories :

1° Fruits *naturels*, produits spontanés du sol ;

2° Fruits *industriels* produits par les choses, mais grâce à la culture et aux soins de l'homme ;

3° Enfin fruits *civils*, qui comprenaient toutes les sommes reçues par le possesseur en échange de la jouissance de certaines choses aliénées par lui.

Le moment est venu de se demander quels fruits étaient attribués au possesseur de bonne foi. Les jurisconsultes étaient divisés sur ce point ; les uns, dont l'opinion est mentionnée au Dig. dans le fragment 45 de usuris (22, 1), admettent que le possesseur ne prend que les fruits industriels et parmi les fruits civils, ceux qui représentent des fruits industriels, c'est-à-dire, en un mot, tous ceux pour la production desquels son travail est quelque chose : le fragment cité nous dit, en effet, que les fruits des arbres et les coupes dans les bois n'appartiennent pas au possesseur de bonne foi : c'est probablement ce système qui a influencé les rédacteurs des Institutes et qui les a poussés à écrire dans le § 35 (II, 1) que le possesseur faisait les fruits siens *pro cultura et cura*, ce qui, nous le verrons tout à l'heure, était complètement inexact sous Justinien.

Mais cette opinion n'a pas prévalu, d'autres jurisconsultes attribuent avec raison au possesseur de bonne foi toute espèce de fruits sans distinction. Ce système cadre admirablement avec ce que nous disent certains textes en parlant de ce possesseur : « *loco domini pene est* » (fg. 48, pr. D (41, 1). « *Bona « fides tantumdem præstat quantum veritas* » (fg. 136 D. (50, 17).

L'opinion de Pomponius dans le fg. 45 (22, 1) reste isolée, et Paul, au fg. 48 (41, 1), se fait l'interprète du principe généralement adopté; sa décision est formelle.

53. — De cette assimilation presqu'entière entre le possesseur et le propriétaire, au point de vue des fruits, il suit tout naturellement que le possesseur de bonne foi ne doit pas être astreint, pour les acquérir, à faire un acte d'appréhension, une perception, pour employer l'expression technique, comme l'usufruitier y est obligé. Le possesseur, plus favorisé, fait les fruits siens par simple séparation, et peu importe qui a opéré cette séparation; dès l'instant où les fruits ne sont plus pendants par branches ou par racines, ils appartiennent à ce posesseur; on voit que le droit de ce dernier est fort étendu, et qu'il est très exact de le mettre sur la même ligne que le propriétaire sous ce rapport. J'examinerai tout à l'heure, du reste, si les fruits sont acquis définitivement en traitant de la théorie générale de la restitution.

D'après la règle qui précède, c'est au jour de la séparation de chaque fruit qu'il faut se demander si le possesseur a encore la bonne foi nécessaire pour l'acquérir; tel est au moins le système auquel je crois devoir me ranger bien que la question ait été discutée. Paul se ralliait à cette première opinion (fg. 48, § 1 (41, 1) D. de adq. rer. dom.); de sorte que s'il est vrai de dire qu'un possesseur peut faire les fruits siens sans pouvoir usucaper, il est aussi vrai qu'il est parfois en voie d'usucaper sans pouvoir acquérir les fruits (1). Il suffit, pour trouver l'hypothèse, d'imaginer un homme de bonne foi à *l'initium possessionis* et qui, *ex post facto*, devient de mauvaise foi.

Julien appliquait, au contraire, le principe : » *mala fides superveniens non nocet*, » et soutenait que la bonne foi, au début de la possession, était suffisante pour donner droit à tous les fruits jusqu'à l'éviction par le propriétaire (fg. 25, § 2 (22, 1) D. de usuris).

M. Du Caurroy (t. I, n°ˢ 381-2) a tenté une conciliation de ces deux textes en disant que Julien ne veut parler que du cas où le possesseur, ayant usucapé, ne restitue aucun des fruits perçus même depuis la cessation de la bonne foi. Mais cela est tellement évident qu'il était absolument superflu de l'exprimer. Peut-être pourrait-on trouver la solution de la difficulté dans une distinction entre le possesseur à titre onéreux et celui à titre gratuit, en disant : dans le premier cas, la *mala fide superveniens* n'empêche pas qu'il continue à faire siens les fruits perçus ultérieurement, comme le veut Julien,

---

(1) Cf. fg. 23, § 1 (41, 1) D.

car ce possesseur, ayant payé son prix, doit être protégé bien plus énergiquement que celui qui, après avoir reçu la chose à titre lucratif, persisterait à percevoir les fruits malgré la cessation de sa bonne foi, et qui commettrait ainsi un acte beaucoup plus répréhensible au point de vue de la morale. Il y a d'ailleurs un texte qui semble autoriser cette distinction, c'est le fg. 25, § 5, D. (5, 3) de Hered. pet. ; ce texte assimile au *prædo* le possesseur d'une hérédité qui l'a recueillie de bonne foi, mais qui découvre son erreur par la suite.

Toutefois, je dois dire que la grande majorité des auteurs se refuse à accepter ce système en présence de la généralité des termes de certaines dispositions, par exemple, des lois 4 au Code (9, 32) et 3 ibid. (4. 9) (1).

54. — J'arrive à une question beaucoup plus importante ; il s'agit de déterminer maintenant avec autant de précision que possible, quel est le fondement juridique de cette acquisition des fruits par le possesseur de bonne foi. Assurément, il est peu de questions qui ont soulevé autant et d'aussi profondes divergences entre les romanistes les plus érudits. Je n'ai pas la prétention d'être complet dans l'exposé qui va suivre ; j'espère cependant entrer dans des développements suffisants pour montrer la difficulté sous toutes ses faces.

Il s'agit de déterminer, disais-je, en vertu de quel droit, à quel titre, le possesseur de bonne foi fait les fruits siens.

Lisons d'abord le § 35 aux Inst. (II, 1) : « Si quis « a non domino, quem dominum esse crediderit,

---

(1) Sic. v. Vangerow.

« bona fide fundum emerit, vel ex donatione aliave
« qualibet justa causa æque bona fide acceperit,
« naturali ratione placuit fructus quos percepit ejus
« esse pro cultura et cura ; et ideo, si postea dominus
« supervenerit et fundum vindicet, de fructibus ab
« eo consumptis agere non potest. Ei vero, qui alie-
« num fundum sciens possederit, non idem conces-
« sum est ; itaque, cum fundo etiam fructus, licet
« consumpti sint, cogitur restituere. »

On voit que dans ce texte il est question de restituer les fruits non consommés par le possesseur de
bonne foi. Mais alors, va-t-on dire, il n'en est pas
propriétaire ! Ou votre théorie est fausse, ou il y a une
antinomie flagrante ! C'est cette antinomie qu'il s'a-
git d'expliquer. Or, pour cela il faut tout d'abord
rechercher quel est le fondement juridique du droit
aux fruits du possesseur de bonne foi.

M. de Savigny soutient que le possesseur de bonne
foi n'a sur les fruits qu'un droit analogue à celui
qu'il a sur la chose elle-même, c'est à dire qu'il ne
fait que les posséder sans en être propriétaire ; il
les usucape par trois ans et est dispensé de toute
restitution pour ceux qu'il a consommés.

Cette théorie repose sur la double idée suivante :

1° « Quand une chose est divisée en ses parties,
« une possession nouvelle commence pour chacune
« d'elles, parce que jusque là elles n'étaient pas
« l'objet d'une possession quelconque distincte et
« séparée. »

De là M. de Savigny conclut naturellement à la
nécessité de la bonne foi à l'*initium* de chacune de
ces possessions partielles.

2° Dans le cas de division de la chose en parties
détachées « l'appréhension, ainsi que la *justa causa*

« *usucapionis*, passent de l'immeuble à l'ensemble
« des parties, de sorte que, dans notre espèce, la
« possession *bonæ fidei* des fruits commence par
« leur simple séparation....., une nouvelle *justa*
« *causa* est inutile (1). »

On est étonné d'entendre le plus grand romaniste
peut-être des temps modernes, prêter l'autorité de
son nom et l'appui de son savoir à une théorie aussi
étrange, je dirai même aussi contraire aux textes
classiques ; indépendamment du fg. 48 pr. que j'ai
cité et qui assimile le possesseur de bonne foi à un
propriétaire, il existe au titre *de usuris*, D. (22,1) un
texte qui nous dit, en parlant du possesseur de
bonne foi : « *fructus suos facit.* » Comment admettre
que des expressions aussi formelles puissent s'appliquer à un simple droit de possession ou se référer
implicitement à une possibilité d'usucapion ? D'ailleurs, il semble que Paul ait, par une intuition
merveilleuse, prévu et réfuté le système de M. de
Savigny quand il écrivit : « Lana ovium..... *quoniam*
« *in fructu est, nec usucapi debet*, sed statim emptoris
fit » (fg. 4, § 19, Dig. (41, 3).

55. — M. Unterholzner (2) propose une distinction entre les fruits naturels et industriels. D'après
lui, le possesseur de bonne foi fait les seconds siens
irrévocablement; quant aux premiers, il n'acquiert
sur eux aucune propriété, mais seulement une possession de bonne foi. Ce système a été inspiré à son
auteur pour concilier probablement le fg. 45 D. (22,
1) avec tous les autres textes ; seulement cette dis-

____

(1) Savigny, de la possession, § 22, traduit par Staedtler'
Paris, 1870, p. 258.
(2) Civ. arch. p. 311.

tinction n'est pas romaine : aucune de nos sources ne dit que le possesseur de bonne foi ait un droit autre que celui de propriété sur les fruits.

56. — Aussi MM. Marezoll et Sintenis repoussent-ils énergiquement la distinction précédente : pour eux, dans tous les cas, le possesseur devient propriétaire des fruits tant industriels que naturels, mais cette propriété ne dure qu'autant que la bonne foi : la survenance de la mauvaise foi opère *ipso jure*, résolution de ce droit pour les fruits non encore consommés : voilà pourquoi les Institutes nous disent que le propriétaire peut réclamer les fruits extants comme accessoire de la Reivindicatio. — Je n'ai pas besoin d'insister sur ce que ce système, qui ne repose sur aucun texte, peut présenter d'étrange ; il ne se sépare que par une nuance d'une autre opinion émise pour la première fois par Vinnius et rééditée par quelques modernes (1), qui ne veut voir dans la propriété du possesseur de bonne foi qu'une propriété sous condition résolutoire. Elle se fonde sur un texte célèbre, le fg. 48 pr. D. (41, 1), qui dit : « fructus... suos *interim* facit. »

Mais cette manière de voir n'a aucune consistance (2). Le mot *interim* ne veut dire qu'une seule chose, c'est que le possesseur fait les fruits siens tant que dure sa bonne foi. Du reste, le système de Vinnius est en opposition avec la fin du même fragment : « Statim ubi a solo separati sunt (fructus), « bonæ fidei emptoris fiunt. » Enfin, les principes les plus certains du droit romain sur la propriété in-

---

(1) Notamment par Tigerstrœm : die bonæ fidei des Rechts des Besitzes.

(2) Sic, *Maynz*, § 194. — *V. Wetter*, de la poss., nº 50.

terdisent cette interprétation : le droit classique, ne reconnaît pas, on le sait, la propriété sous condition résolutoire. Comme le dit si bien Varron (de re rustica, lib. 2, cap. 1, § 15) : « Quod enim alterius « fuit, id ut nostrum fiat necesse est, aliquod inter- « cedere. »

57. — *Système de M. Janke.* — Ce romaniste, aux prises avec la difficulté que nous examinons, propose une distinction historique. A l'époque classique, dit-il, le possesseur de bonne foi avait, sur les fruits détachés, une propriété non pas complète, mais seulement l'*in bonis*, et, par suite, presque tous les avantages de la pleine propriété. Mais, au-dessus de ce domaine bonitaire, le *dominium ex jure Quirituim* n'en existait pas moins sur la tête du propriétaire de la chose frugifère. L'action en *Reivindicatio* de ce dernier, portait donc à la fois et sur la chose et sur les fruits ; mais, le possesseur de bonne foi serait protégé contre l'action réelle du *dominus* de deux manières : 1° par la consommation ; 2° par l'usucapion acquise à son profit pour les fruits.

On le voit, l'idée de M. de Savigny reparaît encore, malgré la décision du fg. 4, § 19 (41, 3), D.

Arrivons au droit de Justinien. Pour M. Janke, il faut soigneusement mettre à part les règles relatives à l'acquisition du croît des animaux. En ce qui concerne les fruits du sol, le droit classique n'aurait pas changé : les §§ 32 et 35 des Institutes (II, 1) en sont une preuve manifeste.

Quant au croît, Justinien aurait fait une interpolation flagrante dans le frg. 28, de usuris (22, 1), en y intercalant les mots : « *bonæ fidei possessoris,* » et en remplaçant les mots : « *naturali jure* » par « *pleno jure.*» Cette interpolation serait rendue évidente par la comparaison de ce texte avec le § 37 des Institutes (II, 1) où les rédacteurs de cet ouvrage auraient omis de reproduire les deux modifications en se laissant entraîner à copier textuellement Gaius. Par suite, toujours d'après M. Janke, le droit classique aurait été transformé sous Justinien en ce qui touche le croît des animaux, qui tomberait désormais irrévocablement dans le patrimoine du possesseur de bonne foi, à telles enseignes que celui-ci ne serait point obligé de le restituer, alors même qu'il serait encore en sa possession au jour où la *Reivindicatio* serait dirigée contre lui.

58. — *Théorie de M. Windscheid.*

Cet auteur part de la même idée que M. de Savigny, à savoir que le possesseur de bonne foi n'a que la possession des fruits : seulement, il n'admet pas leur usucapion, attribuant uniquement au fait de la *consommation* la prérogative d'en rendre toute réclamation impossible. La règle est donc, pour lui, que le possesseur de bonne foi fait les fruits siens par consommation. Les termes : « *fructus ejus fiunt,* » « *fructus suos facit* » qu'emploient nos sources, ne seraient qu'une manière vulgaire de formuler ce qui se passait en fait, fait qui, peu à peu, influa sur le droit lui-même, sans qu'on ait jamais, en pratique, tiré de ces mots des conséquences plus étendues.

59. — Ecoutons l'appréciation de M. v. Vangerow, sur ces opinions diverses des romanistes allemands : ici, je me borne à traduire l'illustre professeur de Heidelberg (1) : « Il est absolument inadmissible,

____

(1) V. Vangerow, Lehrbuch der Pandeckten, I. p. 623, init.

« dit-il, qu'un Gaius, un Julien, un Papinien, un
« Paul, aient flotté sur ce point de droit dans une
« obscurité aussi nébuleuse que Windscheid le
« soutient. Quant au système curieux de Janke, qui
« ne donne au possesseur de bonne foi que l'*in bonis*
« sur les fruits, tandis qu'il reconnaît (non pas un
« *nudum jus Quiritium*), mais bien un *plenum domi-*
« *nium* au propriétaire de la chose frugifère, il ne
« mérite pas une réfutation particulière. »

Et plus loin (1), en parlant de la théorie de M. Unterholzner que j'ai analysée plus haut : « Le seul
« texte sur lequel il s'appuie, est le frg. 45 (de usuris,
« D. 22, 1), mais, dans ce texte, l'époux donataire
« n'est nullement un possesseur de bonne foi, car
« il lui manque une *justa causa possessionis:* les
« derniers mots du frg. 45 : « *sicuti nec cujuslibet*
« *bonæ fidei possessoris*, » ne nous autorisent en
« rien à l'extension de cette distinction à tous les
« possesseurs de bonne foi, car son esprit n'est pas,
« comme Unterholzner le soutient, qu'*aucun*, mais
« plutôt que *ce* possesseur de bonne foi n'acquière
« pas les fruits industriels, parce qu'il lui manque
« une *justa causa*, et que, par suite, sa bonne foi se
« fonde sur une erreur de droit.... Les mots *pro*
« *cultura et cura*, continue le même auteur quelques
« lignes plus loin, dont se sert le § 35 des Institutes
« (II, 1, de div. rerum), ne peuvent fournir aucun
« appui à la théorie de Unterholzner, car l'esprit
« de ce passage est tout simplement que le
« possesseur de bonne foi dont la possession se
« fonde sur une *justa causa*, doit, comme com-
« pensation de ses soins et de ses dépenses,

---

(1) Ibid. p. 627.

« conserver la propriété irrévocable des fruits
« consommés. »

Après avoir détruit les systèmes de ses adversaires,
M. v. Vangerow devait reconstruire : c'est ce qu'il
fait en se ralliant à l'opinion de M. Backe, opinion
dont voici la substance :

Le possesseur de bonne foi fait siens, sans aucune
distinction, tous les fruits depuis l'instant de leur
séparation, et ce n'est qu'en vertu de l'*officium* du juge
dans l'action en revendication, que le possesseur
sera tenu de transférer au demandeur la propriété
des fruits extants. « Le possesseur de bonne foi, dit
« M. v. Vangerow, a, sur les fruits perçus, un droit
« individuel de propriété, en vertu de la fiction
« même qni le considère comme susceptible d'avoir
« la Publicienne. » Pour cet auteur, il a donc sur
les fruits le même droit qu'un propriétaire. Cette
manière de voir cadre admirablement avec les textes
cités plus haut (1).

D'après cela, si les fruits ont été aliénés par le
possesseur de bonne foi, aucune *reivindicatio* ne
pourrait être dirigée de ce chef contre le tiers acquéreur, de même qu'une *reivindicatio* spéciale ne
peut être intentée contre le possesseur, indépendamment de l'action principale en revendication. Si
l'on admettait avec Marezoll l'existence de cette
action, il faudrait admettre aussi, pour être logique,
que le possesseur pût, par l'usucapion, se libérer
de cette restitution : or, les textes sont muets

____

(1) § 35, Inst. (II, 1) ; fg. 1, § 2, D. (20, 1), de pign. et hyp. ;
fg. 25 §§ 1, 2 ; fg. 45, D. (41, 3), de usurp.; fg. 48, § 6, D. (47, 2), de
furtis ; fg. 13, in fine, D. (7, 4), quibus modis ususf. vel usus ;
fg. 25, § 1 ; fg. 28, pr. D. (22, 1), de usuris ; Inst. § 2 (IV, 17), de
officio jud. ; loi 22, C. (3, 32), de reivindicatione.

à cet égard ; le fg. 4, § 5, de usurp. et usuc.D. (41, 3),
reconnaît bien une prescription des fruits : assurément, ce serait un argument bien fort si l'on pouvait
prouver que ce texte vise un héritier de bonne foi :
examinons si cette hypothèse est plausible :

» Fructus et partus ancillarum, et fœtus pecorum
« *si defuncti non fuerunt* usucapi possunt. »

Ce frg. nous met en présence d'un héritier qui
pourra usucaper les fruits, nous dit-on, si ces fruits
n'ont pas appartenu au défunt, son auteur.Que faut-
il en conclure sinon que l'heres est de mauvaise foi,
car, dans le cas inverse, il serait devenu propriétaire et les mots : *si defuncti...* n'auraient plus
aucune raison d'être. — Quant à l'argument que
Marezoll croit pouvoir tirer de la comparaison des
§§ 5 et 6 du fg. 48, D. (47, 2), et qui consiste à distinguer entre le croît des animaux et le part de
l'esclave, ce dernier ayant besoin seul d'être usucapé
par le possesseur de bonne foi, cet argument ne
prouve qu'une chose c'est que le part n'est point
un fruit, et nullement que le possesseur de bonne
foi ait besoin d'usucaper les fruits (1).

En quelques mots, la théorie de M. v. Vangerow,
revient donc à dire que les fruits extants au jour où
la reivindicatio est intentée contre le possesseur
doivent être restitués *ex officio judicis*. Cette doctrine
est trop solidement appuyée sur la décision des
Institutes pour que je me permette de tenter de

---

(1) *Quid*, si la chose-frugifère, qui est furtive ou a été occu-
pée par violence, vient à tomber aux mains d'un possesseur
de bonne foi ? Paul, au fg. 48, D. (41,1), nous dit que les vices
qui mettraient obstacle à l'usucapion n'empêchent pas l'acquisition des fruits, à cause de la différence d'importance des
deux résultats.

l'ébranler ; mais si, à l'époque de Justinien, cette solution est incontestable, n'est-il pas légitime de douter qu'elle ait été la même à l'époque classique ? Telle est la question qu'il me reste à examiner : c'est par cette étude que je me propose de clore cette trop longue discussion.

60. — Aux yeux du législateur, le possesseur de bonne foi est un propriétaire tant que le véritable *dominus* n'agit pas contre lui. Les nombreux fragments que j'ai eu l'occasion de citer jusqu'ici, ne sont-ils pas évidemment dictés par ce point de vue? Quand Paul nous dit per exemple, dans le fg. 136 D. de R. J. (50, 17): » Bona fides tantumdem possi- « denti præstat quantum veritas, quotiens lex « impedimento non est, » n'est-ce pas la façon la plus énergique de formuler le principe? Quant on voit la loi romaine décider que le seul fait de la séparation autorise le possesseur dont il s'agit à considérer les fruits comme siens, tandis que cette même loi exige un fait personnel, la perception, pour l'usufruitier, peut-on hésiter un instant encore à admettre que le possesseur de bonne foi ait un droit de même nature que celui du propriétaire lui-même? S'il fallait d'autres témoignages tout aussi formels on pourrait invoquer nombre de textes (1) qu'on a pu lire déjà, et dont le sens ne laisse aucun doute. Quelques auteurs ont appelé ce possesseur un *propriétaire feint* : il vaut mieux dire qu'il est complètement propriétaire sous la condition de non revendication de la part du véritable maître. Voilà la règle dont nous ne pouvons nous écarter.

---

(1) Par exemple : fg. 25 § 1 de usuris. D. (22, 1).
fg. 28 de usuris D. (22, 1).
fg. 48 pr. de adq. rer. dom. D. (41, 1.)

Pour moi, je ne puis douter que le possesseur de bonne foi fasse les fruits siens dès leur détachement et cela définitivement, c'est-à-dire sans être soumis à aucune éventualité de restitution.

61. — Un savant auteur italien, M. Tartufari (1), admet complètement ce point de départ; qu'il me soit permis d'en citer quelques passages :

» Il (le possesseur) n'a pas su que le fonds était à
« autrui ; de quelle source pourrait donc naître pour
« lui une obligation à l'égard du propriétaire? Ce
« n'est pas d'une convention expresse; cela est trop
« évident, ni d'une convention tacite, car il est
« nécessaire pour s'obliger tacitement, de savoir
« très-bien ce que l'on veut faire : ni d'une conven-
« tion présumée, comme un quasi-contrat, puis-
« qu'on présume consommés les fruits perçus et
« qu'il nous manque la *locupletatio cum aliena*
« *jacturâ* » sans parler de la rémunération bien
« méritée de l'industrie et de l'activité ; ni d'un délit
« ou d'un quasi-délit puisque le possesseur n'a
« eu l'intention de transgresser aucun précepte
« légal : donc, tout *vinculum juris* nous fait absolu-
« ment défaut entre le propriétaire et le possesseur
« de bonne foi.»

62. — Ces principes sont incontestables, mais l'antinomie entre la solution logique qui en découle et la théorie de restitution éventuelle du § 35 des Institutes n'en subsiste pas moins : je crois, pour ma part qu'une conciliation historique est la seule réellement satisfaisante, la seule qui puisse rendre compte d'une manière complète de la difficulté. Le

---

(1) Del possesso, qual titolo di diritti — *Tartufari*, Roma, 1878 — p. 290 in fine, vol. I.

changement de jurisprudence, que quelques-uns (1)
ne font remonter qu'à Justinien, une fois opéré, il
fallut mettre les textes classiques en harmonie avec
la doctrine nouvelle : on eut recours au procédé un
peu brutal mais si commode des interpolations ;
seulement, ces interpolations furent souvent si ma-
ladroites qu'elles sautent aux yeux. C'est ainsi que,
pour ne citer que quelques exemples, dans le § 35,
on lit les mots : » naturali ratione placuit fructus
« quos percepit ejus (possessoris) esse pro cultura
« et cura, et ideo, si postea dominus supervenerit, et
« fundum vindicet, de fructibus ab eo consumptis
agere non potest; » la première de ces phrases est
inexacte, puisque, s'il était vrai de dire que les fruits
sont la rémunération du travail (*pro cultura et cura*);
il faudrait, en bonne logique, les donner aussi au
possesseur de mauvaise foi ; d'autre part, nous
avons vu plus haut que le possesseur de bonne foi
fait siens tous les fruits et non pas seulement ceux
qui ont exigé de lui quelques soins pour leur production.

Une deuxième observation à faire sur ce texte,
c'est que les deux phrases qu'il renferme sont en
désaccord complet ; au commencement, l'acquisition
est le prix du travail, à la fin celui de la rapidité de
consommation.

L'interpolation est évidente dans le fg. 40, D. de
adq. rerum dom. (41, 1) où l'on fait dire à Africain :
« ..... ut fructus prædiorum *consumptos* suos faciat
« bonæ fidei possessor, » et dans le fg. 4, § 2, D. fin.
reg. (10, 1) : « ..... et lucrari oportet, *si eos consump-*
« *sit,* » comme si la consommation avait jamais été

---

(1) Sic *Alibrandi.*

considérée à l'époque de Paul comme un moyen d'acquérir les fruits !

Dans le fg. 4, § 19, in. f. D. de usurp. et usuc. (41, 3), l'incise : « *si consumpti sint* » est tellement maladroite que, pour risquer une explication, les jurisconsultes se sont mis l'esprit à la torture et sont arrivés aux systèmes les plus étranges.

A la belle époque de la jurisprudence romaine, on peut donc affirmer, je crois, que le possesseur de bonne foi faisait les fruits siens d'une manière définitive jusqu'à la *litis contestatio*; aucun texte ne contredit cette assertion (1) ; ce n'était qu'après que le procès avait été noué (*lis inchoata*), que les fruits étaient restitués grâce à l'*officium* du juge.

63. — M. Accarias, dans son précis de droit romain (t. I, p. 565 initio), est le premier à reconnaître le changement intervenu dans la législation romaine sur le point qui nous occupe ; il est le premier à proclamer l'interpolation des textes du Digeste qui exigent que les fruits soient consommés pour qu'ils ne soient pas restituables (2), mais le savant auteur fait remonter cette révolution juridique jusqu'à l'époque de Dioclétien en invoquant à l'appui de sa thèse la loi 22 au Code, de R. Vind. (3, 32) qui nous dit en effet : « Certum est malæ fidei « possessores, omnes fructus solere cum ipsa re « præstare ; bonæ fidei vero exstantes. » Mais je crois que c'est placer trop loin la variation de la jurisprudence romaine, et j'espère le démontrer si l'on veut bien remarquer avec moi que le règne de

---

(1) Fgs. 18 et 25 in f., de usuris, D. (22, 1).

Fg. 13, quibus modis, D. (7, 4).

(2) Ibid., note 3.

Dioclétien se place à la fin du IIIe siècle de notre ère, tandis que sous Valentinien et Valens, c'est-à-dire au milieu du IVe, nous avons au Code Théodosien une loi première, de fruct. et lit. expens. (4, 18) qui nous dit : « Et prædoni quidem ratio (s. ent. fruc-« tuum) a die invasi loci usque ad exitum litis ha-« beatur, ei vero, qui simpliciter tenet, ex eo quo, « re in judicium deducta, scientiam malæ posses-« sionis accepit. » Or, ce même texte a été reproduit au Code de Justinien où, sous la même rubrique, il forme la loi 2 (7, 51), mais avec une modification. Or, n'est-il pas évident qu'à la fin du IIIe siècle le droit n'avait pas encore changé, puisque Valentinien, moins de cent ans après, reproduit encore l'ancienne théorie classique ? A moins d'admettre deux changements successifs, l'un entre Dioclétien et Valentinien, l'autre entre ce prince et Justinien, ce qui est insoutenable, il faut bien considérer la loi 22 au Code (3, 32) comme interpolée, donc ce n'est que sous ce dernier prince que la règle se transforma.

Jusque-là, les fruits n'étaient dus par le possesseur de bonne foi que du jour de la demande en justice, et cela en vertu du principe qui veut que le demandeur obtienne, en cas de condamnation de l'autre partie, tout ce qu'il aurait pu obtenir si elle fût intervenue au jour où le procès s'est engagé.

64. — Maintenant, on peut à bon droit se demander sous quelle influence s'opéra la transformation législative dont je viens de parler. La solution de ce problème se trouve très probablement dans l'étude du stc. d'Hadrien dit stc. Juventien (1) dont je dirai plus tard quelques mots ; ce monument célèbre mo-

---

(1) Sic, *Maynz*, t. III, p. 489, § 409, note 7.

difia profondément les restitutions dues par le possesseur de bonne foi, défendeur à la *petitio hereditatis*,
et il me semble peu contestable qu'il exerça une
grande influence sur d'autres actions, notamment
sur celle qui nous occupe.

Reste à justifier l'innovation de Justinien. Il est
exact, à cette époque, de dire que le possesseur de
bonne foi ne devient propriétaire des fruits par la
séparation que sous la condition de les restituer.
Mais on est parti de cette idée que si le possesseur
acquiert les fruits, c'est uniquement parce que l'on
ne veut pas qu'il soit constitué en perte, et que,
d'autre part, si on l'oblige à rendre les fruits extants,
on ne peut pas dire qu'il éprouve un préjudice.

D'ailleurs, on a toujours entendu d'une façon très-
large le mot de *consommation*. Il comprend l'aliénation des fruits au profit des tiers, ce qui met le propriétaire dans l'impossibilité de les réclamer tant au
possesseur qu'à l'acheteur.

65. — Enfin, le possesseur de bonne foi ne peut
être contraint à la restitution que comme accessoire
de la *Reivindicatio* de la chose principale ; c'est la
même action qui englobera les deux restitutions. Si
donc, pour une raison ou pour une autre, par
exemple à cause de la perte de la chose, l'action en
Reivindicatio est devenue impossible, le propriétaire
ne saurait prétendre à redemander les fruits même
extants dans le patrimoine du possesseur. — Au
contraire, si ce dernier était de mauvaise foi, la solution devrait être renversée ; le *dominus* pourrait
alors, par une action spéciale, réclamer ces fruits,
même après la perte de la chose principale (1).

____

(1) L. 16, C. de præd. et al. reb. (5, 71), l. 3, de cond. ex lege
(4, 9), ibid.

D'ailleurs, les fruits, pour les possesseurs de bonne ou de mauvaise foi, ne se comptent jamais que déduction faite des frais occasionnés pour les produire (1).

66. — Pour compléter ce que j'avais à dire sur les restitutions dues par le possesseur de bonne foi défendeur à la *reivindicatio*, je dois maintenant esquisser en quelques lignes, la situation du possesseur qui est de bonne foi, mais manque d'un juste titre *ad usucapionem.* Cet homme ne peut faire les fruits siens, car son erreur est inexcusable en principe; mais, d'autre part, il serait souverainement injuste de l'assimiler à un possesseur de mauvaise foi : on peut l'obliger à restituer les fruits extants d'abord, ensuite les fruits consommés, peut-être ; mais, comme on ne peut pas dire que cet homme commette un délit en conservant la chose, on ne saurait lui faire subir aucune perte pour les fruits qu'il n'a pas perçus. Donc, pour ceux qu'il aurait négligé de percevoir, aucune restitution ne sera exigée de sa part, tandis qu'il en serait tout autrement pour un possesseur de mauvaise foi.

CHAPITRE II

Comparaison sommaire des diverses restitutions qu'un possesseur de bonne foi peut être tenu d'effectuer.

67. — (A). *Action en pétition d'hérédité.*
On sait que l'action en pétition d'hérédité est une

---

(1) Fg. 36, § 5, D. de H. P. (5, 3), fg. 46, D. de usur. (22, 1).

action in rem, civile, générale, arbitraire, par laquelle l'*hcres* véritable réclame les biens héréditaires de celui qui les détient *pro hcrede* ou *pro possessore*. Je n'ai à parler ici que de la première hypothèse, car si le défendeur répond à l'héritier : « *Possideo quia possideo,* » c'est qu'il est évidemment de mauvaise foi, et, par suite, l'examen de sa situation sortirait de mon cadre.

Soit, par conséquent, un homme, qui, persuadé du bien fondé de son droit héréditaire, s'est mis en possession des biens du défunt. Plus tard, l'*heres* véritable surgit et lui conteste son droit ; il fait reconnaître le sien en justice ; quelles seront les restitutions à lui faire? Telle est la question qui va m'occuper.

68.— Les auteurs s'accordent à admettre, qu'avant le règne d'Hadrien, les restitutions dues par le possesseur de bonne foi, défendeur à la *petitio hereditalis*, étaient en tous points semblables à celles qu'il devait effectuer en matière de revendication, et que nous connaissons, par conséquent. Mais, un stc. célèbre, auquel j'ai déjà fait allusion, vint, sur ce point, modifier les doctrines reçues en fixant d'une manière spéciale les restitutions à faire. Ce monument législatif porte le nom de stc. Juventien (1), qualification assez impropre, car il y avait moins de raisons pour lui donner ce nom que celui de l'empereur sous lequel se réalisa sa rédaction. Voici le résumé de la teneur du stc. en ce qui concerne le possesseur de bonne foi. Deux principes dominent toute la théorie qu'il fit prévaloir.

A. Le possesseur de bonne foi doit rendre à l'*heres*

---

(1) Fg. 20, § 6, D. de H. P. (5, 3).

tout ce dont il s'est enrichi. C'est ce qu'un brocard célèbre résume en ces termes : « *Fructus augent hereditatem* » (1).

B. Ce même possesseur ne doit jamais être constitué en perte. Reste à déterminer maintenant le moment précis où la *locupletatio* doit s'apprécier. Le fg. 36, § 4 (D. 5, 3), répond en ces termes : « Quo « tempore locupletior esse debeat bonæ fidei « possessor dubitatur ; sed magis est rei judicatæ « tempus spectandum esse. »

La question avait donc soulevé quelques doutes entre les jurisconsultes ; toutefois, l'avis de Paul prévalut, car Ulpien nous dit aussi (2), que, dans l'hypothèse où le défendeur à l'action en pétition d'hérédité est un débiteur à terme ou sous condition, on ne pourra pas le condamner ; car, selon l'avis d'Octavenus, on doit se référer au moment de la *res judicata*, et c'est aussi ce moment là qu'il faut envisager, d'après Pomponius, pour savoir si le *dies venit* est arrivé (3).

69. — J'ai dit d'abord que le défendeur à cette action ne devait s'enrichir en rien à l'occasion des objets héréditaires. Cette obligation emporte la nécessité pour lui de rendre au demandeur tous les biens qui ont pu lui advenir comme conséquence de sa possession, ou par suite de son titre héréditaire qui n'était qu'apparent : ces deux formules doivent s'entendre aussi largement que possible. Le pos-

---

(1) Fgs. 25, § 20, 40, § 1, eodem.

(2) Fg. 16, pr. h. tit. (5, 3).

(3) Doneau s'insurge contre cette règle : elle est pourtant en harmonie avec le principe admis pour les actions *in rem*, fg. 27, § 1, de R. V. (6, 1). D.

sesseur, même de bonne foi, devra donc restituer :

1° Tous les biens héréditaires ;

2° Tous les fruits encore extants lors de la *litis contestatio*, et de plus, tous ceux qui, malgré leur consommation, ont procuré un enrichissement à ce possesseur. Un exemple mettra cette pensée en lumière. Je le trouve dans le fg. 31, pr. D. (5, 3) : Un possesseur de bonne foi paie l'un des créanciers héréditaires ; le texte prend soin de nous dire que ce paiement ne libère pas *ipso jure* le demandeur à la *petitio hereditatis :* le possesseur de bonne foi devra céder à l'heres la *condictio indebiti*, née à son profit de ce paiement indû, et qui, par conséquent, constitue un enrichissement dans son patrimoine. Peu importe, d'ailleurs, que la cause de l'acquisition soit honteuse (1).

D'après ce qui précède, il est facile de voir que l'assertion des Institutes (2), qui soutiennent l'assimilation entre la revendication et la pétition d'hérédité, en ce qui concerne les restitutions, n'est exacte que pour le possesseur de mauvaise foi : le possesseur de bonne foi est, au contraire, mieux traité dans la revendication que dans l'autre action, puisque, dans la revendication, il ne restitue jamais les fruits consommés, quoiqu'il ait retiré un enrichissement de cette consommation, ni même le prix des fruits aliénés, bien que ce prix fût encore entre ses mains au jour de la *litis contestatio*.

70. — Passons à l'examen de la deuxième partie de notre règle. Le possesseur de bonne foi, ai-je dit, ne restitue rien de ce qui ne l'a pas enrichi. Ici,

---

(1) Fgs. 22, 25, § 11, 27, § 1, D. (5, 3), fg. 40, § 1, eodem.
(2) § 2, de off. jud. 3e phrase, Inst. IV, 17.

il est mieux traité que dans la revendication puisque cette règle n'est pas spéciale aux fruits, mais s'étend même au capital successoral comme nous le prouve le fg. 25, §§ 11, 16 D. (5,3) : » Quemcumque igitur, « sumptum fecerint ex hereditate, si quid dilapida- « verunt, perdiderunt dum re sua se abuti putant, « non præstabunt : nec si donaverint locupletiores « facti videbuntur, quamvis ad remunerandum sibi « aliquem naturaliter obligaverunt. Planè, si ἀντίδωρα, « id est, remunerationes acceperunt, dicendum est « eatenus locupletiores factos quatenus acceperunt « velut genus quoddam hoc esset permutationis.»

Ainsi la règle est rigoureuse : elle ne subit aucune entorse en matière de pétition d'hérédité. Le possesseur de bonne foi, pour savoir s'il y a quelque restitution à faire, n'a qu'une chose à se demander : ai-je dans mon patrimoine un enrichissement quelconque ?

D'autre part, on refuse à *l'heres* le recours contre le tiers acquéreur d'une chose héréditaire vendue par l'héritier apparent, si ce dernier peut être constitué en perte par l'action en garantie du tiers évincé (1). La prétention du véritable *heres*, serait, dans cette hypothèse, paralysée par une exception : « quod præjudicium hereditati fiat.»

71. — Quelques mots encore sur les avantages conférés par la bonne foi au possesseur pendant les délais de l'instance tant en matière de revendication que de pétition d'hérédité.

Je suppose une instance engagée contre un possesseur de bonne foi. On sait qu'à dater de la *litis contestatio* il est tenu de mettre en réserve tous les

---

(1) Fg. 25 § 17 de H. P. D. (5, 3).

fruits, pour le cas où, éventuellement, il serait vaincu au procès. A partir de ce moment, il est responsable non seulement des *fructus percepti*, mais encore des *fructus percipiendi*, en vertu du principe qui veut que, dans l'hypothèse où le demandeur triomphe, tout se passe comme si le différend avait été vidé au moment même où il a pris naissance. Mais alors, va-t-on me dire, possesseurs de bonne foi et de mauvaise foi sont complètement assimilés, pendant cette période! Où voyez-vous un avantage spécial accordé au premier ?

Il est facile de répondre à cette argumentation : l'avantage se présente au point de vue de la responsabilité *inter moras litis*, qui varie du tout au tout si la chose vient à périr.

Je me place tout d'abord en présence d'un *prœdo* ou d'un homme d'une mauvaise foi certaine : celui-là devra toujours les fruits, *percepti et percipiendi*, même si la perte de la chose survient pendant l'instance (1). Au contraire, si le défendeur à l'action est de bonne foi, il sera libéré de toute obligation par suite du même événement.

(B) — 72. — J'arrive aux restitutions dues par notre possesseur dans les actions prétoriennes. Examinons en première ligne ce qui se passe dans le cas où il est défendeur à l'action Publicienne.

Mais comment un possesseur de bonne foi peut-il se trouver dans cette situation? On conçoit aisément, comme je le montrerai plus longuement en

---

(1) Encore sur ce point y a-t-il des divergences : pour certains auteurs, une distinction serait nécessaire entre ce possesseur de mauvaise foi et le *prœdo* : mais je n'ai pas à entrer dans l'examen de cette difficulté.

traitant de la protection accordée à la bonne foi, que cette personne puisse être demanderesse à l'action organisée en sa faveur, mais la position inverse semble impossible.

Cependant la difficulté n'est qu'apparente : pour la résoudre il suffit d'imaginer un conflit entre deux possesseurs de bonne foi, hypothèse qui se présente par exemple dans le cas prévu par Nératius au fg. 31, § 2, D. (19, 1). Le voici :

Primus a été mis en possession d'un fonds par *Titius non dominus* qui le lui a livré en exécution d'une vente intervenue entre eux. Puis, *Primus* s'absente, et, pendant ce temps, *Titius* revend le même fonds à *Secundus*. *Primus* revient et, comme il a conservé la possession *animo*, il intente la Publicienne contre le deuxième possesseur. Il est bien certain que *Secundus* doit succomber : les textes sont d'accord sur ce point ; quelles seront les restitutions à faire à *Primus* ?

La question, n'étant pas directement prévue par les textes classiques, doit se résoudre par les principes généraux. Or, il est de règle que la Publicienne n'est qu'une sorte de revendication accordée au possesseur (1) ; par conséquent je n'ai qu'à renvoyer à ce que j'ai dit au chapitre précédent sur cette dernière action : tout devra, en ce qui touche les restitutions, se passer de la même manière.

(C) — 73. — *Restitutions à l'action quasi-Servienne.*

Pour expliquer comment un possesseur de bonne foi peut être défendeur à cette action, il suffit de supposer que le débiteur *Primus* a constitué une

---

(1) Fg. 7, § 8, D. de Pub. in rem (6, 2).

hypothèque en faveur de son créancier ; puis, qu'un tiers a vendu comme sienne cette chose hypothéquée à *Secundus*. Ce dernier est exposé à une double éviction, d'abord de la part du *verus dominus*, ensuite de la part du créancier hypothécaire, qui peut, grâce au droit de suite dont il est armé, agir contre lui par l'action quasi-Servienne. Me plaçant dans cette dernière hypothèse, je me demande maintenant si ce défendeur aura à effectuer des restitutions spéciales.

C'est le fg. 1 § 2 de pign. et hyp. D. (20, 1) qui répond à la question en ces termes : » Eos consump-« tos (fructus) bonâ fide emptor utili Serviana « restituere non cogetur : pignoris etenim causam « nec usucapione perimi placuit : quoniam quæs-« tio pignoris ab intentione dominii separatur, « quod in fructibus dissimile est qui nunquam « debitoris fuerunt.» Ainsi l'acheteur de bonne foi ne doit restituer aucun des fruits de la chose hypothéquée quand ces fruits sont nés chez lui et ont été consommés (1).

Mais la même solution devrait-elle prévaloir s'il s'agissait non plus des fruits nés chez le possesseur, mais bien de ceux qui existaient alors que la chose se trouvait encore entre les mains du débiteur ? Pour ma part, l'affirmative me semble s'imposer, car le fg. 1 § 2 ne distingue nullement ; si, au jour de leur séparation les fruits étaient entre les mains du possesseur de bonne foi ils devraient appartenir à ce dernier (2).

---

(1) Fg. 29, § 1, de pign. et hyp. D. (20, 1) — Loi 3 C. in quib. caus. pig. (8, 15),

(2) En ce sens, *Jourdan*, de l'Hypothèque, p. 328 initio.

Le fragment suivant de Paul (Sent. II, 5, 2) peut fournir un argument à cette thèse : » Fœtus vel « partus, dit-il, ejus rei quæ pignori data est, « pignoris jure non tenetur, nisi hoc inter contra- « hentes convenerit. » Donc même chez le constituant les fruits ne sont pas de plein droit hypothéqués. *A fortiori* doit-il en être de même lorsque la chose se trouve entre les mains d'une tierce personne.

(D) — 74. — L'interdit *unde vi* ne pouvait être donné que contre ceux qui avaient participé à la dépossession violente. De là il résulte que jamais le possesseur de bonne foi ne pouvait s'y trouver défendeur : il serait néanmoins poursuivable « in « id quod ad eum pervenerit » au moyen d'une action *in factum* (1).

75. — Quant aux restitutions sur l'interdit *de precario*, je n'ai pas à en parler, le possesseur n'ayant qu'un titre précaire. Un point certain, c'est qu'il n'était pas contraint à restituer les fruits (1).

---

(1) Fg. 35 D. de O. et A. (44, 7) — 1 § 48 — 2, 3 pr. 9 pr. D. eodem. — L. 2 C. eodem. *Machelard*, des interdits p. 244.

(2) Fg. 8 § 4 de prec. D. (43, 26). *Machelard*, op. cit. p. 262-268.

QUATRIÈME PARTIE

De la protection accordée par le droit romain au possesseur de bonne foi.

76. — Après les détails que l'on vient de lire sur les effets juridiques de la bonne foi en matière de possession immobilière, que me reste-t-il à faire pour remplir mon cadre? Nous avons successivement parcouru les principales conséquences dues à l'existence de la bonne foi; il me faut déterminer maintenant quelles sont les voies légales organisées pour les sanctionner. C'est dans cet examen que nous pourrons constater, mieux encore que dans ce qui précède, l'esprit souverainement pratique du peuple romain; c'est dans cette étude, malheureusement trop courte, que nous verrons en œuvre les principes développés plus haut.

Parmi les armes données par la loi au possesseur, la plus importante de toutes est l'action Publicienne, action aussi singulière qu'intéressante où le génie du droit prétorien apparaît tout entier; je parlerai ensuite des autres moyens mis à la disposition du possesseur de bonne foi pour le protéger.

CHAPITRE PREMIER

Des moyens d'attaque donnés au possesseur de bonne foi par la loi romaine.

77. § 1. — *De l'action Publicienne*.

En plaçant ici une étude de l'action Publicienne, mon intention n'est nullement d'en présenter une théorie complète ; je me propose uniquement de montrer cette action fonctionnant comme protectrice de la bonne foi ; je tiens à mettre en lumière, moins les détails de la matière, que l'une de ses faces spéciales, l'une des plus curieuses sans contredit que nous fournisse le droit romain.

Introduite à une époque mal déterminée (1) par le préteur Publicius, cette action réelle tendait à combler une lacune véritable dans le droit civil, comme le font remarquer d'ailleurs les Instituts (2). Il s'agissait, en effet, de donner un moyen petitoire au possesseur en voie d'usucaper, ce que le droit civil n'avait point fait, n'ayant, du reste, pas organisé la possession en général.

Or, le possesseur de bonne foi méritait cependant que la loi le prît sous son égide et lui fournît un moyen efficace pour rentrer en possession une fois qu'il avait été dépossédé. On voit d'après cela que l'on pourrait, à juste titre, nommer cette action (net) *reivindicatio possessionis* si ces mots ne juraient pas

---

(1) En 516, 519, ou 685 (Cicéron, pro Cluentio, n° 45).
(2) Inst. IV, 6, § 4.

de se voir accouplés (1). Par conséquent, on est autorisé à dire avec Randa (2) : « La Publicienne ap-
« paraît beaucoup plus comme une action pétitoire
« que comme une voie possessoire, et c'est sous ce
« jour-là que les lois nous la montrent. Le deman-
« deur y est considéré comme un propriétaire véri-
« table. »

78. — L'action qui nous occupe est effectivement
le type le plus parfait des actions fictices. On sait
que le préteur, dans son travail de législation, n'a-
vait pour combattre et modifier le droit civil ou pour
en combler les lacunes, que deux procédés : créer
une action *in factum* dont la formule ne posait au
juge qu'une simple question de fait, ou introduire
une action *in jus* fictice, c'est ce qu'il fit en faveur
du possesseur de bonne foi; on supposait accompli
à son profit le délai d'une usucapion qui l'aurait
rendu *dominus ex jure Quiritium* et lui aurait permis
l'exercice de la *rei vindicatio*. Voici en quels termes
Gaius (IV, § 36) nous a transmis la formule de cette
action nouvelle : « Datur autem hæc actio ei qui ex
« justa causa traditam sibi rem nondum usucepit
« eamque, amissa possessione petit. Nam quia non
« potest eam ex jure Quiritium suam esse, intendere
« fingitur rem usucepisse, et ita quasi ex jure Quiri-
« tium dominus factus esset, intendit hoc modo : Ju-
« dex esto. Si quem hominem A^us A^us emit *et* is ei tra-
« ditus est, anno possedisset, tum si eum hominem
« de quo agitur ejus ex jure Quiritium esse oporteret,

---

(1) *Tigerstrœm* ne voit dans la Publicienne qu'une véritable
revendication accordée au possesseur de bonne foi. Pour lui
ce n'est point une action nouvelle. (Cf. fg. 35, pr. de O. et A.
(44, 7); fg. 7, § 8 de Pub. in rem. D. (6, 2).

(2) *Anton Randa*, Der Besitz (Leipsick, 1876), § 6, n° 7, p. 94.

« et reliqua (1). » Par conséquent la Publicienne a, comme le fait observer M. Accarias, le même domaine d'application que l'usucapion elle-même ; mais, je le répète, nous n'avons pas à l'examiner ici à ce point de vue complexe. Elle repose sur un principe d'équité qui veut que l'on considère comme accompli un fait qui doit fatalement s'accomplir (2).

---

(1) C'est cette formule qui aurait conduit les jurisconsultes romains à admettre que la bonne foi était requise à deux moments en matière de vente. (Fg. 7, § 17, D. de Pub. in rem. 6, 2).

(2) Quelques auteurs ont prétendu pourtant que l'action qui m'occupe n'était pas donnée au possesseur de bonne foi. Cette opinion, qui n'explique pas son maintien sous Justinien, ni la place qu'elle tient dans la compilation de ce prince, n'a pas fait fortune. D'autres ont soutenu que l'action Publicienne n'était pas accordée au titulaire de l'*in bonis*. Je n'entre pas dans cette discussion complètement étrangère à mon sujet. Je remarque seulement que, sous Justinien, sa seule fonction est précisément la protection de la possession de bonne foi puisqu'il n'y a plus deux propriétés différentes.

Le domaine de l'action Publicienne coïncidant, comme je viens de le dire, avec celui de l'usucapion à l'origine, reçut des extensions successives. C'est ainsi qu'on l'admit pour les servitudes et les fonds provinciaux à une époque où ces droits et ces fonds ne pouvaient être usucapés ; (fg. 12, § 2 (6, 2), D. ; fg. 1, § 1 (6, 3), D. ; fg. 43 (41, 1), D. ; fg. 11, § 1 (6, 2), D. ; fg. 1 (7, 4), D. ; fg.ᵃ, Vat.ᵃ, § 61 ; pour l'emphythéose et la superficie (fg. 12, § 3 (6, 2) D. ; pour le gage et l'hypothèque (fg. 18 (20, 1) D. Dans ces cas l'action doit être considérée comme *utilis ;* mais la modification de la formule ne nous est pas connue. Il est à noter que dans le cas de servitudes à protéger, l'action dont je parle remplaçait à l'égard du possesseur les actions confessoire et négatoire qui lui étaient refusées. (V. *Maynz,* I, §§ 136, 137, in f., 139, n. 8, 149, nº 1, 140 in f., 150, in f., 155, n. 19, 166, nº 34, 35.

De même la Publicienne était accordée, alors même que la vente eût émané d'un fou ou d'un mineur (fg. 7, §§ 2 4, h. tit.

79. — Soit un possesseur qui a acquis une chose *ex justa causa a non domino,* et qui, étant de bonne foi, se trouve *in via usucapiendi.* Tant qu'il reste en possession, il ne saurait être question d'action Publicienne : mais, je suppose qu'un individu le dépossède sans violence ; si c'est le propriétaire, il ne doit pas succomber dans l'action intentée contre lui, puisqu'il a un droit supérieur au droit du dépossédé. Mais, dans tous les cas où le défendeur a un droit inférieur à celui du demandeur à la Publicienne, celui-ci triomphera. Telle est la formule la plus générale qu'on puisse, je crois, donner à cet égard. Je vais en parcourir les applications principales.

80. — Ce qu'il faut remarquer avant tout, c'est que la Publicienne était accordée, même contre le *dominus* (1). Seulement, ce dernier pouvait, en règle générale, la paralyser par l'exception *justi dominii,* à moins encore que l'on ne fût dans une hypothèse où

(6, 2), D. Ici le titre putatif remplaçait le titre réel. Néanmoins, Paul (fg. 2, § 16, pro emptore D. (41, 4), contredit cette solution. Cujas, après avoir admis que les mots : « nec Publiciana « competit, » y avaient été introduits par les copistes, a abandonné ce système devant les termes si formels des Basiliques (L. tit. 4 (t. v, p. 65)..... οὐκ ἔχει δὲ ἀγωγην περὶ ἐνικήσεως, οὐδὲ πουβλικιανην οὐδὲ προσθηκην τῆς νομῆς. Pour lever l'antinomie, on a dit que Paul se référait au cas où la chose aliénée par l'incapable lui appartenait, tandis qu'Ulpien ne parlait que de l'hypothèse où elle appartenait à un tiers. Accurse admet que le texte de Paul ne veut dire qu'une chose, à savoir que l'action Publicienne ne sera impossible que contre le vendeur. (Glück, p. 351, n° 29).

(1) Fgs. 16, 17, h. tit. D. (6, 2). Ce texte donne peut-être la clef du cas mystérieux où le possesseur est demandeur (Inst. § 2, de actionibus IV, 6).

cette exception elle-même se trouvait détruite par la *replicatio rei venditæ et traditæ* ou par la *replicatio doli* ou *in factum* (1). Par exemple, il en sera ainsi dans les espèces suivantes :

A. Si le titre et la tradition émanent du défendeur à la Publicienne lui-même ;

B. Si le possesseur de bonne foi a reçu la chose *ex noxali causâ* (cas spécial à la possession mobilière)(2) ;

C. Si le possesseur a été envoyé par deux décrets successifs en possession de l'immeuble pour lequel son voisin lui a refusé la caution *damni infecti* (3).

Vinnius (4), pose en principe la règle suivante : « le possesseur peut agir, par la Publicienne, contre le propriétaire, dans tous les cas où il pourrait, s'il était en possession, résister à la *reivindicatio*, en lui opposant le droit de rétention. » Cette formule est incontestablement commode, mais on ne peut se dissimuler qu'elle a un caractère conjectural.

81. — Quoi qu'il en soit de cette première hypothèse, passons rapidement en revue les autres espèces qui sont de nature à se présenter.

Le conflit existe entre deux possesseurs.

Une sous-distinction est indispensable.

A. Les deux possesseurs de bonne foi tiennent leurs droits de la même personne. On doit préférer celui qui, le premier, aura reçu tradition, ou, en

____

(1) Fg. 72, D. de R. V. (6, 1) ; fg. 1, § 1, de except. rei vend. et trad. D. (21, 3) ; fg. 4, § 3, de doli mali et met. except. D. (44, 4).

(2) Fg. 28, de nox. act. D. (9 4).

(3) Fg. 18, §§ 1-5, de damn. inf. (D. 39, 2).

(4) Vinnius, L. III, ch. 38, in f. n. q.

cas de vente, qui aura payé le premier (1). Sur ce point, on est d'accord.

B. Chaque possesseur est l'ayant-cause d'un autre auteur, mais aucun ne tient son droit du *verus dominus.* Ici les jurisconsultes se divisent. Julien et Ulpien appliquent la maxime : « In pari causa « melior est causa possidentis. » Mais Neratius repousse cette manière de voir dans le fg. 31, § 2, de actionibus empti, D. (19, 1), qui est ainsi conçu : « ..... sive ab eodem emimus, sive ab alio atque alio, « is ex nobis tuendus est qui prior jus ejus appre- « hendit, hoc est cui primum tradita est. »

Comment concilier ces avis différents ? On a tenté de dire que la décision de Neratius n'était écrite que pour le cas suivant : Un acheteur de bonne foi, *Tertius,* intente la Publicienne contre le possesseur *Primus* qui tient ses droits d'un *non dominus ; Secundus* possesseur, ayant-cause d'un autre *non dominus,* intervient au procès. Il y a donc conflit entre trois personnes. A coup sûr, voilà une hypothèse fort ingénieuse, mais il est permis de douter que les principes du droit romain admissent cette intervention (2). Le mieux est, je crois, de considérer l'opinion de Neratius comme isolée. La place du fg. 31, ne laisse pas supposer qu'elle ait prévalu. D'ailleurs, la solution de Julien avait été consacrée en cas de conflit entre deux créanciers hypothécaires (fg. 14, qui pot. D. (20, 4).

82. — Que faudrait-il cependant penser du cas où l'un des possesseurs est ayant-cause à titre gratuit,

---

(1) Fg. 9, § 4, de public. in rem. D. (6, 2).
(2) Fgs. 57, D. de H^{is} Pⁿ (5, 3), 57, de R. V. (6, 1).

tandis que l'autre l'est à titre onéreux? Peut-on dire qu'ils soient *in pari causa*?

A. Le conflit s'élève entre un acheteur et un donataire. Le donataire a reçu le premier tradition, mais est dépossédé. Il semble que l'équité proteste contre son triomphe judiciaire, car *certat de lucro captando*, tandis que l'acheteur *certat de damno vitando*. Ce dernier doit donc l'emporter. Sans doute, il n'existe pas, que je sache, de texte formel sur ce point, mais on peut argumenter *a contrario* du fg. 126, de reg. juris, D. (50, 17): » Cum de lucro duorum « quæratur, dit Ulpien, melior est causa possi- « dentis. » La même solution devrait, je crois, être donnée pour le cas où l'acheteur, au lieu d'être défendeur à l'action Publicienne serait demandeur, le donataire étant en possession, mais chacun d'eux ayant pour auteur une personne différente.

§ 2 *Autres voies de protection.*

83. — Le possesseur de bonne foi avait encore à sa disposition les interdits *retinendæ et recuperandæ possessionis;* mais, on me permettra de ne pas insister sur cette matière, car ce n'était point là une prérogative exclusivement attachée à la bonne foi (1). Néanmoins, par une bizarrerie inexpliquée jusqu'ici, il est un texte qui subordonne à la condition de la bonne foi la délivrance de l'interdit *de aqua cottidiana vel æstiva.* Le voici:

« Aristo putat eum demum interdictum hoc ha- « bere qui se putat suo jure uti, non eum qui scit se « nullum jus habere et utitur ». (fg. 1, § 19, D. de aq. cott. vel æstiva (43, 20).

---

(1) Fg. 2, D. uti possid. (43, 17); fg. 53, D. de adq. poss. (41, 2).

J'imiterai sur ce point le silence des commentateurs : qu'il me suffise de signaler la singularité
sans tenter d'en fournir une justification.

84. — Le droit romain donnait, en outre, l'action
furti au possesseur de bonne foi et la refusait à tout
autre (1). Il était, à cet égard, assimilé au propriétaire. D'ailleurs, ce résultat s'explique pour les
fruits, si l'on veut bien se rappeler qu'il en devenait
propriétaire par le seul fait de la séparation, quelle
que fût la personne qui l'opérât.

85. — Le droit d'exiger la *cautio damni infecti*
était-il reconnu au possesseur de bonne foi ? Le frg*
18, pr. D. damni infecti (39, 2), peut appuyer l'affirmative : « Stipulatio competit non tantum ei cujus
« in bonis res est, sed etiam cujus periculo res est. »
Ce point de vue semble contredit cependant par les
frgs. 11 et 13, § 9 (eod). Mais peut-être ne consa-
crent-ils qu'une opinion spéciale à Marcellus, car
Ulpien, dans ces deux textes, a grand soin de citer
ce jurisconsulte, comme s'il voulait se séparer de sa
doctrine quoiqu'il ne le dise pas formellement (2).

86. — Enfin l'acheteur de bonne foi pouvait, en
cas d'éviction, se retourner contre son auteur, soit

---

(1) Fgs. 11, 12, § 1, 74 et 76, de furtis, D. (47, 2) ; Inst. IV, 1,
§ 15.

Cf. *V. Vangerow*, Lehrbuch, III, § 679, p. 568.

Randa, der Besitz (Leipsick 1876).

(2) M. Accarias se prononce de la façon la plus catégorique
en faveur de l'opinion de Marcellus qu'il présente comme
n'ayant pas pu soulever le doute le plus léger : le texte de
l'édit rapporté au fg. 7 (h. tit.), est cependant d'une généralité
absolue. Enfin, la formule qui nous a été conservée dans la
lex Rubria, de Gallia cisalpina, ne distingue pas non plus
(cap. XX).

par l'action *ex stipulatu*, soit par l'action *ex empto*; mais, ce sont là des rapports contractuels dont je ne dois pas m'inquiéter ici.

CHAPITRE II

Des moyens de défense accordés par la loi romaine au possesseur de bonne foi.

L'idée générale qui domine toute cette partie de mon sujet est qu'il faut éviter que le propriétaire ne s'enrichisse au détriment du possesseur, Ce principe que j'ai déjà eu si souvent l'occasion de formuler va nous servir de guide dans presque toutes les difficultés de la matière.

87. — Et d'abord dans quelle mesure le possesseur de bonne foi sera-t-il tenu de ses fautes ? Il est responsable uniquement *in concreto*, de telle sorte que s'il est, par exemple, dans l'impossibilité absolue de restituer, il échappera à toute condamnation en prouvant que l'impossibilité ne lui est pas imputable : il pourra être seulement astreint, le cas échéant, à fournir au demandeur caution de restituer si le fait devient possible, et à céder à ce dernier les droits et actions qu'il a acquis à l'occasion de la chose (1). A l'inverse (2), le revendiquant sera contraint de le garantir contre les conséqences des obligations qu'il peut avoir contractées à l'occa-

---

(1) Frg. 15 § 3 de R. V. (6, 1). 45 eodem. Ce texte s'explique en supposant une *mala fides superveniens.*

(2) Frgs 19, 57 eodem.

sion de la chose pendant la durée de la possession.
En un mot, les deux parties doivent être indemnes
en fin de compte, autant que possible. Si, par suite
de l'impossibilité de restitution, le possesseur de
bonne foi a été forcé de payer la *litis œstimatio*, il
faut se rappeler que ce fait le met dans la position
d'un acheteur : il me suffira donc d'observer sur ce
point, que le défendeur sera en droit d'exiger que le
revendiquant lui cède l'exercice des actions atta-
chées à la propriété, et que, jusque là, il peut, de
son côté, se refuser à tout payement (1).

88. — Reste l'hypothèse où le possesseur a fait
des impenses sur la chose. On connaît la triple
division devenue classique : impenses *nécesaires*,
(qui empêchent la chose de périr) *utiles* (qui aug-
mentent la valeur de la chose) *voluptuaires* (qui ne
servent qu'à l'embellissement, alors même que la
valeur vénale de la chose serait augmentée).

Trois principes fort simples résolvent à cet égard,
les difficultés qui se posent. En ce qui touche les
impenses nécessaires il n'y a aucune hésitation : le
le possesseur a toujours droit au remboursement
intégral (2), car le propriétaire aurait dû faire lui-
même la dépense (3). Du reste ce n'est pas là une
prérogative accordée spécialement au possesseur
de bonne foi.

89. — *Impenses utiles.* — En règle générale c'est
la plus value existante lors de la *Litis contestatio* (4)

---

(1) Frgs. 46, 47, 63, 68-71 eodem.

(2) L. 5 C. de R. V. (3, 32).

(3) Il n'a jamais droit à ce qu'il a payé pour acquérir la
chose (L. 3, 23 C. eodem).

(4) Dans l'action en pétition d'hérédité on tient compte de
la plus-value au jour où l'impense a été faite, eût-elle disparu

qui doit être remboursée toujours en vertu du grand principe d'équité que je rappelais tout à l'heure. Toutefois ce n'était point une doctrine sans exception. Il fallait, à cet égard, tenir compte des observations suivantes :

1° Le frg. 38, de R. V. (6, 1) D., nous dit que l'on doit en cette matière examiner les circonstances de fait : « Bonus judex varie ex personnis causisque « constituet.» De là les conséquences suivantes : Le juge doit se demander si le *dominus* aurait fait lui-même la dépense : le revendiquant avait le choix entre le remboursement des frais ou de la plus-value dans l'hypothèse affirmative. De quoi en effet le possesseur pouvait-il se plaindre s'il était indemne bien que la plus-value dépassât la dépense? il n'éprouverait aucune lésion ; sinon, le *jus tollendi* existerait seul. C'est ce qui aurait lieu dans le cas où le revendiquant serait dans un tel état de misère que le remboursement lui serait impossible à moins de vendre le tombeau de ses ancêtres ou la chose à laquelle il porte le plus vif intérêt d'affection.

2° Je dois faire remarquer de plus que, dans le cas où le *jus tollendi* existait seul, ce droit pouvait être paralysé par le *dominus*, s'il offrait au défendeur une somme représentative de la valeur dont ce dernier aurait profité (1) par suite de l'enlèvement.

90. — *Impenses voluptuaires..* — Le *jus tollendi* est Ici la seule ressource du possesseur sous le

---

lors de la *litis contestatio*. De plus le possesseur de bonne foi était admis à retenir les créances même naturelles qu'il pou- avoir contre l'hérédité (fg. 31 §§ 1, 2 D. de H. P. (5, 3).

(1) Fg. 38 de R. V. (6, 1) D. *Pellat*, de la Propriété, ad. h. l. fgs. 27, 28, 29 eodem.

bénéfice de la remarque que je faisais il n'y a qu'un
instant. Il va sans dire du reste, que, par application
de la maxime : « Malitiis non est indulgendum »
l'enlèvement serait lui-même impossible s'il n'était
pas de nature à procurer un bénéfice au possesseur.

Par dérogation à notre règle, si le revendiquant
au lieu de vouloir conserver la chose pour lui, était
dans l'intention de la vendre, il serait contraint de
rembourser au défendeur même les dépenses voluptuaires dans la limite de la plus-value. Une autre
exception résultait du stc. Juventien. Le défendeur
à la *petitio hereditatis*, avait le droit de déduire la
totalité de ses impenses même voluptuaires, l'hérédité ne renfermât-elle plus la chose à l'occasion de
laquelle l'impense avait été faite (1).

91. — *Comment s'opérait le remboursement du posses-*
seur. — Du droit de rétention.

La garantie la plus efficace que le droit romain
ait accordée au possesseur est, sans contredit, le
droit de rétention. C'est par l'examen de cette question que je dois commencer.

Il s'exerçait de deux manières : tantôt sur les fruits,
tantôt sur la chose elle-même.

92. — (A). *Droit de rétention sur les fruits.*

Supposons qu'au moment de la *litis contestatio* il
y ait des fruits extants : on a vu plus haut que le
possesseur de bonne foi devait les rendre au propriétaire. Mais, si, d'autre part, ce dernier était
devenu débiteur du défendeur à raison des impenses
dans la limite que je viens d'indiquer, on admettait
la compensation des deux dettes ; elle s'effectuait

______

(1) Frg. 38 D. de H. P. (5, 3)

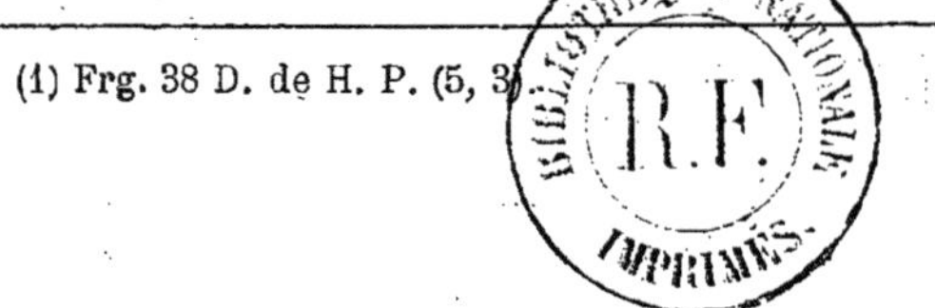

7

en retenant les fruits extants (1) jusqu'à dûe concurrence.

Toutefois, le droit romain allait plus loin encore
et dépassait même à cet égard les règles de l'équité
en faisant entrer en compensation même les fruits
consommés pendant la possession (2). Un exemple
va mettre en lumière tout ce que cette règle présente de peu rationnel.

Soit un possesseur qui a contre le *dominus* une
créance de 500 sesterces. Le fonds rapporte annuel-
lement une valeur de 100 sesterces, et la possession
a duré 5 ans. Le propriétaire est en droit de dire à
son adversaire : » je suis complètement libéré; car
les fruits vous indemnisent intégralement de vos
déboursés.» Ne voit-on pas que ce résultat conduit
indirectement à priver le possesseur de bonne foi du
droit aux fruits ?

(B). — 93. — *Droit de rétention sur la chose.*

Cette prérogative permet au possesseur, au
moyen d'une exception de dol insérée dans la formule, de s'opposer à ce que le *dominus* soit mis en
possession avant d'avoir acquitté envers lui toutes
ses obligations. Ce n'est pas ici le lieu de donner
une théorie complète du droit de rétention, cela
m'entraînerait trop loin, mais quelques observations
ne paraîtront pas inutiles à raison de l'importance
de ce sujet.

94. — Le *jus retentionis* existe en principe dès
qu'il y a *debitum cum re junctum*, en droit romain.
C'était précisément ce qui avait lieu relativement

---

(1) Frgs. 48, 65 pr. D. de R. V. (6, 1). Pour le surplus, rétention sur les fruits perçus *depuis* la L. C.

(2) Frg. 48 eodem.

aux impenses faites par le possesseur de bonne foi. Aussi, tous les jurisconsultes s'accordent-ils à le reconnaître à ce dernier (1). Il y aurait dol de la part du *dominus*, en effet, à soutenir que la restitution lui est due alors même que le défendeur n'aurait pas été remboursé ; l'action doit donc échouer jusque-là. Remarquons que cette solution met le possesseur dans une situation excellente ; la rétention lui confère un véritable privilège, il ne court aucun risque d'insolvabilité, et n'a pas à redouter le concours avec les autres créanciers du propriétaire.

95. — Mais l'exercice du droit de rétention, comme son nom l'indique d'ailleurs, ne se conçoit qu'autant que celui qui s'en prévaut ne s'est pas dessaisi matériellement de la chose. Quelles sont donc les garanties du possesseur de bonne foi après ce dessaisissement? Telle est la question fort délicate et fort controversée qu'il me reste à examiner. Cette étude aurait dû trouver place dans le chapitre précédent, mais sa connexité étroite avec la théorie du droit de rétention m'a conduit à ne pas la séparer de ce dernier, afin de ne pas scinder deux questions aussi étroitement liées l'une à l'autre.

Pour résoudre ce problème difficile, il importe de jeter un coup d'œil rapide sur les textes classiques dont les décisions peuvent, à première vue, sembler contradictoires.

A ne consulter que les frgs. 14, D. de doli mali et met. except. (44, 4) et 33, D. de cond. indeb. (12, 6), il paraît indubitable que le possesseur de bonne foi

---

(1) L. 11. C. (3, 32).

dessaisi n'a aucune espèce de recours contre le propriétaire (1). Voici ces textes :

Frg. 14 : « Paulus respondit eum qui in alieno « solo ædificium extruxerit, *non aliàs* sumptus « consequi posse, quam possideat et ab eo dominus « soli rem vindicet ; scilicet opposita doli mali « exceptione (2). »

Frg. 33 in fine : « Sed (et) si is qui in alienâ areâ « ædificasset, ipse possessionem tradidisset, *condic-* *« tionem non habebit,* quia nihil accipientis faceret, « sed suam rem dominus habere incipiat ; et ideo « constat si quis cum existimaret se heredem esse « insulam hereditariam fulsisset, *nullo alio modo* « *quam per retentionem* impensas servare posse » (Julien).

Voilà assurément deux fragments devant lesquels aucune hésitation ne semble justifiée, cela d'autant moins que Papinien, au fg. 48 D. de R. V. (6, 1), ne nous parle aussi que du droit de rétention sans faire la moindre allusion à une action donnée au possesseur dessaisi contre le *dominus.* Ces raisons sont incontestablement fort graves, et pourtant il est bien singulier que ce résultat contraire à l'équité ait reçu droit d'asile dans la législation romaine.

C'est qu'en effet des dissidences existaient entre les jurisconsultes sur ce point ; on n'a, pour s'en convaincre, qu'à lire fg. 40, § 1, D. de cond. indeb. (12, 6), texte dans lequel Marcien se sépare

---

(1) Cf. *Maynz,* I, § 120, n. 20 ; II, § 193, n. 3 ; § 274, n.5 ; §§ 276- 277,in f.

(2) On peut soutenir que dans la *Petitio hereditatis,* l'insertion de l'exception de dol était inutile, fgs. 38, 44, 58, h. tit., D. (5, 3).

formellement du jurisconsulte Julien dont je viens de transcrire l'opinion : « Si pars domus quæ in « diem per fideicommissum relicta est, et arserit « ante diem fideicommissi cedentem, et eam heres « sua impensa refecerit deducendam esse impensam « ex fideicommisso constat ; et si, sine deductione, « domum tradiderit, *posse incerti condici* quasi plus « debito dederit. » L'antinomie est flagrante ; Julien repousse la *condictio*, Marcien l'accorde. Pour quel système se décider ? Le doute prend encore plus de consistance si l'on veut bien remarquer que le fg. 21 D. ad stc. Trebellianum (36, 1), dû à Pomponius, assimile les personnes qui n'ont pas invoqué le droit de rétention à l'héritier qui a restitué l'hérédité entière sans se prévaloir de son droit à la quarte. Or, ce dernier a certainement un recours contre l'*accipiens*.

Enfin, reste encore une objection très-puissante. Le possesseur de mauvaise foi qui ne pouvait jamais user du droit de rétention était cependant, après restitution, autorisé à réclamer au propriétaire ce qui lui était dû, quoi que Justinien semble dire à cet égard (1) (fg. 7, § 2 de adq. rerum dom. (41, 1) D. Inst. II, 1, § 30).

Ces deux derniers textes ne doivent pas, en présence des termes généraux de la loi 5 au Code, être considérés comme ayant une portée aussi grande qu'ils le paraissent. Ils ne peuvent signifier qu'une seule chose, c'est que le possesseur de mauvaise foi devait s'exécuter sur le champ. Peut-être aussi la décision de Gaius, conforme au droit primitif, n'a-t-elle été modifiée à l'époque classique que sous l'in-

---

(1) L. 5 C. de R. V. (3, 32). — D. de R. V. (6, 1), fgs. 37 et 38.

fluence du stc. Juventien et par extension des règles
édictées pour l'action en pétition d'hérédité. L'insertion du fg. 7 (41, 1) serait due à une étourderie
dans la compilation Justinianéenne.

Donc le possesseur de mauvaise foi avait un recours contre le *dominus* pour les impenses à lui
remboursables. Julien (1) nous apprend que ce recours avait lieu par l'action *negotiorum gestorum*. Le
fg. 6, § 3 (3, 5) D. met ce point hors de doute.

« Sed et si quis mea negotia gessit non mei con-
« templatione, sed sui lucri causa; Labeo scripsit
« suum eum potiùs quam meum negotium gessisse;
« qui enim deprædandi causâ accedit, suo lucro non
« meo commodo studet. Sed nihilominus imo magis
« et is tenebitur negotiorum gestorum actione. Ipse
« tamen si circa res meas aliquid impenderit non
« in id quod ei abest quia improbe ad negotia mea
« accessit sed in id quod ego locupletior factus sum,
« habet contra me actionem. »

Ne serait-il pas de la dernière inconséquence de
permettre ce recours au possesseur de mauvaise
foi, et de l'interdire à celui qui mérite à tous égards
la faveur de la loi? Ce qu'il y a de caractéristique,
c'est que ce texte émane de Julien, auteur de l'un de
ceux qu'on invoque dans la doctrine que je combats.
Une telle antinomie a-t-elle donc été l'œuvre d'un
esprit aussi éminent? Pour ma part, je ne saurais
l'admettre (2). En prêtant au droit romain l'anomalie que je repousse, le possesseur de bonne foi aura

---

(1) Frg. 6, § 3 de neg. gest. D. (3, 5).

(2) En ce sens *Pothier*, ad Pand., n. 48. L. ult. de neg. gest. ;
(*Harpprecht*, Com. ad. inst. ; *Cujas* lui donne la *conditio incerti*.
t. VII, p. 289. — Ad. fg. 27, § 5).

tout intérêt, une fois qu'il se sera dessaisi, à dire au propriétaire : « Vous êtes dans l'erreur, je suis un possesseur de mauvaise foi, et, par suite, vous devez m'indemniser, car j'ai contre vous une action, bénéfice qui me serait refusé dans l'autre hypothèse ! » Ce résultat absurde, j'ose le dire, aboutit à accorder à un possesseur qui n'est digne d'aucun avantage, une protection que l'on dénie à celui qui les mérite tous. On peut donc soutenir, je crois, avec certains auteurs, que l'action donnée au possesseur est une action *negotiorum gestorum* ou une action *in factum* ponr être plus exact.

96. — Mais il ne suffit pas d'alléguer un argument de raison : il faut encore répondre aux objections qu'on vous oppose. Comment concilier avec la théorie que j'adopte les deux textes de Paul et de Julien que j'ai indiqués plus haut?

Deux explications peuvent être proposées : la première consiste à dire que ces décisions sont, comme le § 30 du t. 1, Liv. II, des Inst. un reste de la législation romaine primitive, époque à laquelle, en effet, le possesseur dessaisi ne jouissait d'aucun recours. La deuxième, plus probable, considère les fgs. 14 (44, 4) et 33 (12, 6), comme destinés uniquement à nous apprendre que le seul droit spécial, la seule prérogative particulière conférée par la loi romaine au possesseur de bonne foi, est le droit de rétention, mais, rien ne prouve qu'on ait voulu lui enlever les recours de droit commun qui compètent à tout possesseur, fût-il de mauvaise foi. Telle est, à mon avis, la véritable pensée de Julien et de Paul : ainsi disparaitrait la contradiction.

97. — Reste à nous demander s'il ne faut pas aller plus loin encore, si l'on ne doit pas accorder au

possesseur le moyen de revendiquer le droit de rétention contre le propriétaire lui-même. J'en aperçois plusieurs :

1° Les interdits *unde vi* et *uti possidetis*, si le défendeur dépossédé remplit, d'ailleurs, les conditions requises pour l'ouverture de ces voies de procédure. Le premier exigeait, on le sait, que la dépossession eût été violente (1), et que l'on fût en face de l'auteur de la violence : l'interdit *uti possidetis* que le possesseur eût gardé la possession au moins *animo* (2), et qu'il eût possédé dans l'année plus longtemps que son adversaire : il y avait donc telles hypothèses où ces recours lui manquaient;

2° Si le possesseur avait volontairement remis la chose au propriétaire, et que celui-ci persistât dans son refus de remboursement, une dernière ressource restait encore pour recouvrer la rétention. Le possesseur pouvait, comme on l'a déjà vu, user de l'action Publicienne contre le *dominus* lui-même, à la condition qu'il ne s'agît pas d'une chose volée ou imprescriptible, cas auxquels cette action eût été impossible (3).

98. — Mentionnons enfin l'exception *rei venditæ et traditæ*, par laquelle l'acheteur de bonne foi était admis à paralyser l'action de son auteur ou des ayants-cause de ce dernier. Mais, cette exception naissant de rapports contractuels, et ne dérivant en rien du fait de la possession considérée, abstraction faite de toute convention, ne saurait m'occuper davantage.

---

(1) Fg. 3, §§ 6, 7, D. de vi (43, 16).
(2) Fg. 1, § 29, eodem.
(3) Vinnius.

99. En cas de conflit entre le possesseur de bonne foi et un créancier hypothécaire, les exceptions qui peuvent servir à paralyser l'action quasi-Servienne, sont les mêmes que celles qui sont opposables à la revendication. Toutefois, le possesseur de bonne foi jouirait, en outre, ici, de quelques bénéfices spéciaux que je me contente d'énumérer :

A. D'abord, le *beneficium discussionis personalis*, depuis Justinien au moins, (nov. 4, c. 2), qui forçait le demandeur à se retourner contre le débiteur et à discuter ses biens, avant de s'attaquer au possesseur ;

B. Ensuite, le *beneficium discussionis realis*, grâce auquel le créancier hypothécaire était contraint de faire vendre les biens à lui spécialement hypothéqués, avant de s'adresser à ceux qui n'étaient frappés que d'une hypothèque générale. Ce point est, du reste, douteux pour le possesseur. L'affirmative trouve un argument dans la loi 9, au Code de distrac. pign. (8, 28).

C. En dernier lieu (et ici la controverse paraît impossible), le possesseur de bonne foi avait le droit de se faire céder, par le créancier poursuivant qu'il désintéressait, toutes ses actions contre le débiteur (1), jusqu'à dûe concurrence. C'est l'origine du bénéfice de subrogation de notre droit moderne. Les sommes ainsi payées par le possesseur de bonne foi entreront dans les impenses nécessaires qu'il pourra réclamer au propriétaire, lorsque ce dernier intentera la revendication (2).

---

(1) Fg. 19, qui pot. (20, 4), D.
(2) Fg. 65, de R. V. (6, 1), D. fg. 28, de pign. act. (13, 7), D.

DROIT FRANÇAIS

INTRODUCTION

1. — La chute de l'empire romain, ne fut pas,
les historiens s'accordent à le reconnaître, un effon-
drement imprévu. Le géant, qui avait dompté le
monde, s'affaissa peu à peu devant une civilisation
nouvelle ; les idées, les mœurs, les tendances chan-
geaient depuis longtemps déjà dans la société,
quand l'aurore d'une religion plus pure lui fit espé-
rer un épanouissement plus complet, grâce à une
sève pleine de vie et de jeunesse. Les divisions
profondes qui agitaient à l'intérieur la patrie des
Césars ; au dehors, les guerres malheureuses qui
enlevaient chaque jour un fleuron à sa couronne de
gloire militaire, avaient contribué à faire du vieil
empire un colosse vermoulu qu'un rien devait abat-
tre. Le colosse tomba, mais ce fut pour faire place à
une ère nouvelle, époque d'énergie sauvage et
d'idées chevaleresques. Pourtant, le droit du vaincu
s'imposa au vainqueur : c'est le sort de toutes les
institutions civilisées aux prises avec la barbarie.

Seulement ce droit lui-même dut bien des fois fléchir devant les principes commandés par une religion qui prétendait hautement tenir l'univers sous
ses lois.

Ce n'est point ici le lieu de montrer cette influence
du droit canon sur le droit civil antique : ce n'est
point le moment de parcourir en détail cette réno-
vation, et de tracer, même à grands traits, un tableau
de la révolution qui s'accomplit. Pourrais-je cependant passer complètement sous silence l'action
exercée par la législation canonique dans une matière où son empire se fit sentir avec autant de force
que dans la nôtre ? Non, sans doute ; ce serait m'exposer à laisser dans l'ombre le développement des
idées sur la bonne foi, et faire croire que le droit
romain dicta sans conteste et sans intermédiaire,
ses préceptes au droit moderne.

2. — Depuis Constantin, l'influence de l'Eglise
s'accrut constamment jusqu'à Grégoire IX ; partout,
on la rencontre : en politique, le souffle religieux
faisait prendre la croix, et rendait les souverains
pontifes les arbitres des nations ; en philosophie,
il créa toute une pléiade de théologiens et de doc-
teurs, dont les surnoms d'école font aujourd'hui
sourire en rappelant un âge où la foi servait de guide
aux recherches scientifiques.

Etait-il possible que, dans une telle société, le droit
romain adopté d'ailleurs par l'Eglise ne subît pas,
lui aussi, quelques modifications ? Assurément non,
surtout dans les questions où le *jus civile*, heurtait
les doctrines du christianisme sur la détermination
du péché. Il y avait là en effet un empiètement iné-
vitable du droit canon sur le droit civil, à une époque où l'Eglise et l'Etat ne formaient qu'un seul

tout. On sait à quels efforts a été dû le principe de leur séparation, et ces efforts seuls, sont la preuve la plus inéluctable qu'il dût, au moyen âge, se créer une sorte de législation mixte, mélange dont le droit des Quirites constitue l'élément principal.

3. — C'est à l'une de ces métamorphoses que nous assistons en matière d'usucapion. Les décrétales d'Alexandre III (1180) et d'Innocent III (1216) (1), et le Concile de Latran (1205) (2), introduisirent le principe que la bonne foi initiale ne suffit plus, mais qu'elle doit être persistante pendant toute la durée de la possession requise pour prescrire même par 30 ans (3). Voici ce que nous dit en effet le cap. 20

(1) — Corpus juris canonici, de præsc. (2. 26 c. 5, 20, X).

(2) — Cap. 41. Voir aussi en ce sens les décrétales de Grégoire IX (1227-41) et de Boniface VIII (1294-1303).

(3) — En effet, Gratien admettait encore le principe romain (corp. jur. can. I causa 16, q. 3 cap. 15 § 1 in. f.) : « Bona fides « (vero) non ad tractum medii temporis, sed ad initium pos- « sessionis refertur. Sufficit enim in initio cuique bona fide « possidere cœpisse, etiam si medio tempore scientiam rei « alienæ habuerit. » (anno 424).

On objecterait en vain une décision d'Augustin qui forme le cap. 5 causa 34 q. 1 (Corp. jur. can. I) en date de 413, et, par suite, antérieure à celle de Gratien. Ce texte prévoit le cas où une jeune fille a épousé de bonne foi un homme engagé dans les liens d'un mariage précédent, et nous apprend que tant que la bonne foi dure cette femme ne se rend point coupable d'adultère ; puis, par une assimilation curieuse, l'auteur ajoute : « sicut in jure prædiorum tamdiù quisque bonæ fidei « possessor rectissime dicitur quamdiù se possidere ignorat « alienum ; cum verò scierit, nec ab aliena possessione reces- « serit, tunc malæ fidei possessor perhibebitur, tunc justè « injustus vocabitur. » Mais ce texte ne fait que constater un état de choses, et n'ajoute rien qui puisse pousser à croire que le droit canonique ait voulu réagir, dès cette époque, contre le droit civil.

(loco cit.) : « Quoniam omne quod non est ex fide
« peccatum est synodali judicio definimus, ut nulla
« valeat absque bona fide præscriptio, tam canonica
» quam civilis, cum generaliter sit omni constitu-
« tioni atque consuetudini derogandum quæ absque
« mortali peccato non potest observari. Unde
« oportet ut qui præscribit in nulla temporis parte
« rei habeat conscientiam alienæ.»

En ce qui concerne l'application de cette règle, les
discussions les plus vives ont divisé les casuistes.
Quand pouvait-on dire que la bonne foi légale existait ? L'idée de l'Eglise est qu'il faut éviter le péché.
De là cette conséquence fort importante que l'on ne
faisait aucune différence entre l'erreur de droit et
l'erreur de fait. Cela a passé dans notre législation
moderne, comme j'espère le montrer plus tard (1).

---

(1) — De là aussi découlait que la bonne foi suffisait pour
acquérir par le temps indépendamment du juste titre (corp.
jur. can. I causa 16 q. 3 c. 15 § 1). Seulement quand le juste
titre s'adjoignait à la bonne foi, la prescription s'accomplis-
sait par 10 à 20 ans ; si elle existait seule par 30 ans. Mais les
effets étaient les mêmes au bout de ces délais, c'est-à-dire que
le prescrivant aurait eu une *rei vindicatio* qu'il aurait pu
diriger contre l'ancien propriétaire lui-même. Au contraire, le
possesseur de mauvaise foi n'aurait eu, au bout de trente ans,
qu'une exception pour se protéger : (Loc. cit.) § 3 : « Quod si
« mala fide rem alienam quis possidere cœperit, post trigenta
« annos adversùs omnem petentem exceptione tutus erit. Si
« vero, aliquo casu, a possessione ceciderit, actionem non
« habebit.»

De graves discussions se sont engagées sur le point de savoir
ce qu'il faut entendre par le mot *præscriptio* dont se servent
les textes canoniques. Pour ma part, j'inclinerais à admettre
la théorie de M. de Savigny, et à dire que la prescription est
toute *modification par le temps*. Il faut donc étendre la règle

Esquisserai-je, même à grands traits, les controverses subtiles, pour ne pas dire plus, qui surgissent à chaque instant dans l'esprit des juristes sur
l'appréciation du péché? Assurément non; ce
seraient là des digressions inutiles heureusement
aujourd'hui ; qu'il me suffise d'en donner un
exemple pour en montrer le caractère : on avait fini
par admettre que le doute ne constituait pas à lui
seul un possesseur en mauvaise foi ; » non enim
« necesse est, disent les canonistes, quod adsit bona
« fides, sed quod mala fides absit.» D'ailleurs celui
qui doute, ajoutait-on, « *ignore, puisqu'il ne sait pas
le contraire,* » et cette ignorance justifie sa prise de
possession. « Si l'on estimait que le doute simple
« est un obstacle à la prescription, ce serait ôter ce
« moyen d'acquérir aux personnes avisées et pru-
« dentes et leur laisser moins d'avantages qu'à celles
« qui, toujours pleines de confiance, ne doutent de
« rien. (1) »

Avec de tels raisonnements, on conviendra qu'il
était facile, en usant d'arguties, d'arriver à toutes
les conséquences possibles ; aussi ne m'y arrêterai-
je pas plus longtemps. Ce qu'il me faut mettre en
lumière maintenant ce sont les tendances du droit

---

d'Innocent III même à la prescription trentenaire. (Cap. vigi-
lantibus, extr. de præsc, c. possessor de reg. juris.)

Un auteur (Hameaux) a cependant soutenu que ce principe
ne s'appliquait qu'à la *præscriptio longi et longissimi temporis,* et non à l'usucapion régie encore par les principes du
droit romain au moins en ce qui concerne les meubles. On me
permettra de ne pas insister davantage, puisqu'il ne s'agit ici
que d'une question de possession mobilière.

(1) — Dunod de Charnage (1753 — Prescriptions, et de l'aliénation de biens d'Eglise et dixmes, chap. VIII p. 38 et sq.

coutumier en face des principes que l'on vient de lire.

4. — Un édit de Childebert (de l'an 557) (1) introduisit en droit civil la prescription de 30 ans avec bonne foi, que l'Eglise avait organisée : la loi des Lombards (2) admettait la même règle. C'est à l'époque des races mérovingienne et carlovingienne que l'influence du droit canon se manifeste de la manière la plus marquée. L'exigence de la bonne foi pour les longues prescriptions se retrouve jusque dans le Grand Coutumier de Charles VI (XV° S°) qui nous dit : «Possesseur de male foy ne prescript « ne usucapit en nul temps pour le vice de male foy « qu'il a.»

Néanmoins cette idée ne triompha point de l'action lente des siècles : il y avait bien longtemps que l'ancien principe romain avait repris tout son empire, quand les rédacteurs du Code Civil se posèrent de rechef la question : mais n'anticipons pas.

Dunod et Merlin nous retracent les diverses péripéties de la lutte juridique entre les deux législations : ils nous apprennent dans tous leurs détails les hésitations des savants, et les divisions qui les séparèrent. Ils nous disent, par exemple, que sur l'application au droit civil de la règle de continuité dans la bonne foi, cinq opinions se produisirent : la première voulait que les canons ne fussent suivis sur ce point que dans les états du Pape ; la deuxième que les décisions canoniques fussent

---

(1) — V. sur ces points la dissertation de M. l'abbé Beau (Thèse de doctorat, Bordeaux 1877.)

(2) Lex Lang. Grimoald, cap. 4.

renfermées dans le domaine des principes de cons-
cience et de morale, mais n'eussent aucune application en matière de droit public. C'était faire le
premier pas dans la voie de séparation entre les
pouvoirs spirituel et temporel. Le troisième système
établissait une distinction ; pour les actions réelles,
on admettait l'extension des lois ecclésiastiques ;
pour les autres, les principes du droit civil étaient
seuls à consulter ; le quatrième, soumettait au droit
canon même la matière des actions personnelles
d'une durée moindre que trente ans. Enfin, la cin-
quième opinion, la plus absolue, tendait à la prédo-
minance complète des lois de l'Eglise, par ce motif
que le Pape a le pouvoir de déroger aux lois civiles,
lorsqu'il s'agit du salut des âmes.

La jurisprudence, après bien des incertitudes,
parut se fixer dans le sens suivant :

A. Pour les prescriptions acquisitives de 10 à 20
ans, le principe canonique fut maintenu ;

B. Pour celle de trente ans, la mauvaise foi n'était
point considérée, en général, comme un obstacle,
car on n'exigeait pas de juste titre pour cette prescription, et l'on considérait les deux choses comme
intimément liées (1) ; d'autre part, la preuve de la
mauvaise foi était très difficile, surtout après trente
ans. « Mais, ajoute Merlin, s'il se présentait un cas
« où l'on ne trouvât ni incertitudes ni difficultés

---

(1) Voir en ce sens : Bretonnier, sur Henrys, liv. IV, quest. 77.
— Ferrière, sur Guy-Pape. — Expilly, plaidoyer 27, n° 23. —
Jurisprudence des parlements de Toulouse (8 fév. 1719), et de
Dauphiné. — Guy Rousseaud de la Combe (sect. II, 3) : « Titre
« ni bonne foi ne sont requis pour acquérir droit de pro-
« priété, il suffit de la possession paisible par trente ans. »
(Cout. de Paris, art. 118).

8

« (à prouver la mauvaise foi), alors la raison de
« la loi cesserait, et l'équité naturelle, la pureté de
« la religion, reprenant tout leur ascendant, il fau-
« drait bien que la loi cessât elle-même. »

On voit, d'après ces dernières lignes, combien
toute cette théorie était mal assise. Du reste, les remarques qui précèdent, étaient loin de constituer
des règles universellement admises. Nombre de
coutumes les rejetaient ; celles du midi notamment,
s'en tenaient au droit canon, même dans les prescriptions trentenaires. Domat et Pothier se rallient
à cette manière de voir. De même, les coutumes de
Bergues-Saint-Vinoch (Prescription, art. 1), de
Bailleul (rubrique, 21 art. 1), le statut de Bruxelles
du 21 avril 1432, qui requérait la bonne foi, même
pour les prescriptions centenaires (1).

Telles sont les observations historiques dont j'ai
cru devoir faire précéder mon travail sur la bonne
foi dans notre droit actuel : j'ai voulu mettre surtout
en lumière la transition due aux principes nouveaux
apportés par le christianisme, sauf à placer dans
l'étude de notre législation quelques remarques sur
l'historique des questions que j'aurai à traiter.
Mais, il m'a paru indispensable de signaler, à grands
traits, dans ce qu'elle a de plus saillant, la méta-
morphose des institutions romaines, et les tendances qui ont précédé l'ère moderne.

---

(1) En ce qui concerne les prescriptions centenaires ou
immémoriales, voy. Le Grand, sur Troyes, 61, gl. 5.

AVANT-PROPOS (1).

De la bonne foi considérée en elle-même. — Comment cesse la bonne foi. — Ce qu'il faut entendre par un possesseur.

5. — La première question qui se pose à celui qui cherche à analyser la bonne foi (2) en elle-même, consiste à se demander si, dans notre droit moderne, il faut ressusciter les anciennes distinctions que j'ai déjà étudiées entre l'erreur de droit et l'erreur de fait. L'examen de cette difficulté domine toute la matière, et, à ce titre, doit avoir sa place ici.

Je crois pouvoir répondre négativement. Non, le législateur français n'a pas jugé utile de reproduire, à cet égard, le droit des Quirites. A qui est due l'innovation ? Les pages qui précèdent semblent bien

(1) Je suivrai, dans l'exposé des matières, exactement le même plan qu'en droit romain, pensant par là conserver plus d'unité à l'ensemble de mon travail.

(2) On me permettra de ne pas répéter ici la définition romaine, reproduite par les auteurs qui ont écrit sur le droit coutumier (voy. Cl. Jos. de Ferrière, dict. de droit et de pratique (1749) ; Dunod de Charnage, prescriptions, et de l'aliénation des biens d'église et des dixmes (1753), chap. VIII, p. 38 et sq.

autoriser à soutenir que le droit canonique n'est pas complètement étranger à ce résultat (1).

La preuve de ce que j'avance peut se tirer de la comparaison de quelques textes de notre code civil. Et d'abord, quand, dans la théorie des obligations, le législateur de 1804 traite de l'erreur comme vice du consentement, il n'établit aucune distinction entre l'erreur de droit et l'erreur de fait. D'autre part, dans quelques passages isolés et épars, il y revient, mais cela uniquement à titre d'exception : c'est ainsi, par exemple, que dans l'art. 1356 du Code civil, on nous apprend que l'aveu judiciaire ne peut être révoqué sous prétexte d'une erreur de droit : l'art. 2052, au titre de la transaction, rejette, dans cette espèce de contrat, l'erreur de droit, comme cause de nullité. N'est-ce point décider *a contrario*, que, dans toutes les autres matières de notre législation, l'interprète, doit, s'en tenant rigoureusement au texte, proscrire toute différence dans les effets juridiques des deux sortes d'erreurs ? Ce qui me confirme dans cette manière de voir, c'est la disposition de l'art. 1377, qui assimile complètement les deux hypothèses (2). Enfin, le législateur,

---

(1) Notre ancienne jurisprudence avait admis le principe romain ; l'ignorance des coutumes était considérée comme une erreur de droit (voy. Domat, loix civiles) (1777).

(2) V. en ce sens : *Laurent*, Princ. de droit civil, I, n° 24, p. 62 ; VI, n° 218, p. 290.

Aubry et Rau, Droit civil français, I, p. 54, 55 ; II, p. 271, in medio ; 384, note 30, § 218.

Paris, 29 août 1834 (Dalloz, rép. v° Disp. entre vifs, n° 2400).

Bruxelles, 20 juin 1828 (Pasicrisie, 1828, p. 221).

La maxime : « *Nemo legem ignorare censetur* » que l'on tire de l'art. 1er du Code civil n'a point le caractère de généralité qu'on prétend lui attribuer ; je l'ai déjà dit plus haut, ce prin-

dans bien d'autres circonstances, tient compte de la bonne foi quelle qu'en soit la cause (art. 1141, 1376).

Cette unité va-t-elle me permettre de donner une seule définition de la bonne foi légale pouvant convenir à tous les cas où nous aurons à en tenir compte ? Je dois renvoyer la réponse à plus tard : avant de se prononcer, on doit avoir en main les éléments de son verdict ; c'est le cas de répéter l'adage : « *Incivile est... nisi totâ inspectâ lege, judicare.* » Mais, ce qu'il faut noter dès à présent, c'est qu'il y a dans l'appréciation de la bonne foi, une question de fait que le juge a pleins pouvoirs pour décider.

6. — De ce que je viens de dire, il résulte que le moment où la bonne foi cesse chez un possesseur est aussi laissé à la détermination du juge : la censure de la cour suprême ne saurait l'atteindre (1). Une sommation extra-judiciaire pourrait être suffisante pour faire douter le possesseur du bien-fondé de son droit.

7. — Reste à préciser ce qu'il faut entendre par un possesseur de bonne foi, puisque c'est à l'examen de sa situation juridique que ce travail est exclusivement consacré. Quoi qu'il en semble au premier abord, le problème est loin d'être aussi simple que son énoncé le laisse supposer ; le résoudre, c'est fixer les limites de cette étude.

---

cipe n'est absolu qu'en matière pénale. S'il en fallait une preuve, je la tirerais du décret du 5 nov. 1870, qui a pris la peine d'excuser, dans certaines circonstances, pendant cinq jours, l'ignorance de la loi.

(1) Voy. en ce sens : MM. *Aubry et Rau*, II, p. 273, § 206, note 23, et les autorités citées par ces auteurs. Il paraît que, sous l'ordonnance de 1539 (a. 94), la question avait été discutée (Rousseaud de la Combe, vº Fruits, sect. I ; Pothier, de la propriété, nº 342 ; Domat, loix civiles (1777), vº titre putatif).

C'est à l'art. 550 du Code civ. qu'il faut demander la définition que je cherche. Ce texte important, sur lequel j'aurai à donner plus loin des développements détaillés, nous apprend que deux conditions sont impérieusement requises ; il faut, pour être un possesseur dans le sens légal :

A. Une possession à titre de propriétaire ;

B. Un titre translatif de propriété.

Ces deux éléments sont cumulativement exigés ; cela m'autorise, je crois, à formuler le principe suivant, malgré les controverses qui divisent les meilleurs esprits sur ce point délicat : j'appelle possesseur de bonne foi celui qui est défendeur à une action réelle en revendication ou en pétition d'hérédité ; tout individu dont le droit est résoluble, rescindable, annulable, ne doit point être considéré comme tel, et ce n'est pas à ce titre qu'on le fera bénéficier des fruits, car la rescision ou la résolution une fois prononcée ayant un effet rétroactif, il en résulte que, au point de vue légal, cette personne est censée avoir détenu sans titre, ce qui écarte complètement l'application de l'art. 550 (1).

C'est ainsi, par exemple, que je ne considérerais pas comme possesseur de bonne foi, l'héritier qui doit le rapport à la succession (a 856), ou l'acheteur dont le droit a été rescindé (a 1682). La jurisprudence a, dans ces hypothèses, essayé de soutenir que le droit aux fruits que la loi consacre, est une conséquence de la possession de bonne foi ; cette thèse ne me paraît pas en harmonie avec les principes de notre droit. J'aurai à insister plus tard quelque peu sur ce sujet ; pour le moment, il me

____

(1) Cbn. MM. *Aubry et Rau*, II, p. 267, in f., notes 3 et 4.

suffira d'avoir formulé la règle. Dans les pages qui vont suivre l'idée qu'il ne faudra pas perdre de vue, est donc que l'on sera toujours en présence d'un homme qui a l'*animus domini*, et que je n'ai point pour tâche d'esquisser, fût-ce à grands traits, la situation de celui qui est tenu d'obligations personnelles à l'égard d'une autre partie.

Et maintenant que je crois avoir délimité, aussi exactement que possible, la sphère dans laquelle je compte me mouvoir, je puis, sans crainte de m'égarer, entrer dans le cœur de mon sujet ; mais ces quelques observations m'ont paru indispensables, elles sont destinées à jalonner la route, et à rendre moins obscurs les développements qui vont suivre.

PREMIÈRE PARTIE

DE LA BONNE FOI EN MATIÈRE D'USUCAPION
DE DIX A VINGT ANS.

CHAPITRE PREMIER

De quelle nature doit être l'erreur en matière d'usucapion?

8. — « Celui qui acquiert de bonne foi et par juste
« titre, nous dit l'art. 2265 du Code Civil, un im-
« meuble, en prescrit la propriété par dix ans si le
« véritable propriétaire habite dans le ressort de la
« Cour royale (Cour d'appel), dans l'étendue de la-
« quelle l'immeuble est situé, et par vingt ans, s'il
« est domicilié hors dudit ressort. »

9. — § 1. *De la bonne foi.* — La bonne foi est donc
une condition spéciale à l'usucapion privilégiée des
immeubles, c'est à ce titre qu'elle attire tout d'abord
notre attention ; elle consiste, pour un acquéreur,
dans la persuasion que son auteur est propriétaire

incommutable de l'immeuble qu'il lui transmet (1).
Cette conviction doit être absolue, car le moindre
doute ne peut laisser subsister la confiance iné-
branlable que la loi exige. Je n'ai sur ce point, qu'à
renvoyer du reste, à ce que j'ai dit sur le même sujet en droit romain, en notant seulement une différence que l'on pressent déjà, c'est que, chez nous,
une erreur de droit peut parfaitement fonder la
bonne foi (2); par exemple, l'usucapion s'accompli-
rait même au profit d'un homme qui ignorerait que
la loi l'autorise à en bénéficier. Cependant il ne faut
pas aller trop loin dans cette voie; l'erreur alléguée
doit être excusable : c'est de cette idée que découle
l'exigence d'un titre comme condition d'existence
de la bonne foi elle-même. L'erreur doit donc porter
sur la réalité du droit de celui dont on est l'ayant-
cause; si l'on ne se trompait que sur sa capacité
juridique, on ne pourrait invoquer qu'un titre annulable ou rescindable, ce qui changerait les données
du problème; je le réserve pour plus tard, quand je
commenterai les conditions que doit remplir le titre
pour pouvoir fonder la bonne foi.

Le juge apprécie souverainement si, en fait (3), il
y a ou non bonne foi; on ne saurait, à cet égard,
tracer aucune règle juridique; je prends un exemple pour mettre ce principe en lumière: *Antoine* est
de bonne foi et en voie d'usucaper l'immeuble *A*;
survient *Baptiste*, véritable propriétaire qui reven-

---

(1) *Duranton*, XXI, n⁰ˢ 357-358; *Aubry et Rau*, II, § 218, p.
381; *Laurent*, Principes, XXXII, n⁰ˢ 328-367. — Cf. pour les
immeubles aliénés pendant la Commune, loi du 12 mai 1871.

(2) Contrà, *Delvincourt*, II, p. 656; *Troplong*, II, p. 926;
Duranton, XXI, n⁰ 388.

(3) Cass. req. 26 av. 1876 (D. P. 1878, 1, 68).

dique entre ses mains ; *Antoine* acquiesce, l'usucapion sera interrompue par la demande. Mais *Antoine*
continue à demeurer en possession à l'insu de
Baptiste ; il recommence un nouveau délai, mais
comme il a été jugé que l'immeuble appartenait à
Baptiste, *Antoine* ne pourra plus usucaper par dix
à vingt ans, car la bonne foi légale lui fera défaut.

Il est certaines hypothèses où la bonne foi se présente avec quelques particularités qui en rendent
l'analyse philosophique plus malaisée ; tel est le cas
suivant : *Antoine* plaide contre *Baptiste* relativement
à la propriété de l'immeuble *A ;* puis une transaction
intervient et termine le procès ; c'est, je le suppose,
Antoine qui demeure en possession moyennant une
somme qu'il paye à l'autre partie. Plus tard, le véritable propriétaire, *Clément,* revendique contre lui la
totalité du bien, et *Antoine* lui oppose l'usucapion
de l'art. 2265 ; dans cette espèce, la bonne foi consistera à croire, pour le défendeur, que l'immeuble
appartenait soit à lui, soit à *Baptiste* avec lequel il a
transigé, mais qu'il n'était à aucun autre.

10. — Je ne veux pas insister plus longuement sur
ces difficultés, et j'arrive à la question bien autrement importante et délicate de la preuve de la bonne
foi.

Dès le XIIIe siècle, St-Louis avait fait les plus
grands efforts pour propager en France les dispositions du droit romain. Notre ancienne jurisprudence
coutumière a souvent accordé droit d'asile à la raison écrite, et c'est probablement à cette influence
qu'il faut attribuer l'existence du principe que la
bonne foi se présume du moment que la possession
n'est point clandestine. Était-ce là une règle universellement admise ? C'est ce dont il est permis de

douter en présence de certains monuments curieux (1), mais je ne saurais approfondir la question sans sortir des limites que je me suis fixées.

Aujourd'hui, l'art. 2268 dissipe à cet égard toutes les incertitudes ; la bonne foi se présume, n'est-ce point la consécration nécessaire de cette idée de justice, je dirai presque de charité, qu'un délit doit être, dans la conduite d'un homme, considéré comme l'exception ? — Mais il ne faut voir dans cette règle qu'une présomption *juris tantum*, c'est à-dire que la preuve de la mauvaise foi est toujours permise à l'adversaire, et cela de la façon la plus large. Ce dernier est, en effet, dans le cas prévu par l'art. 1348 ; il n'a pas pu se procurer de preuve écrite du fait qu'il allègue et doit être recevable à invoquer tous les moyens possibles pour l'établir (2). La Cour de Bourges (3) a décidé, par exemple, que si l'acte de vente passé par le mari seul, après la dissolution de la communauté par la mort de la femme, relate l'acte d'acquisition des époux, cette seule circons-

---

(1) Voici, en effet, comment s'exprime le statut de Bruxelles du 21 avril 1432 (a. 7) : « Celui qui veut se prévaloir de la « prescription allèguera et *prouvera* qu'il a possédé lesdits « biens à bonne foi, à savoir que, durant le temps de la pres« cription, il a tenu pour certain que celui duquel il a acheté « ou acquis lesdits biens, ou celui dont ils sont demeurés, en a « été le maître et a eu le pouvoir de les vendre, distraire et « laisser à sa postérité, ce qu'il affirmera par son serment, « moyennant lequel il satisfait, ne fût que son adversaire ne « pût légitimement démontrer le contraire. »

(2) Voy. *Troplong*, Prescription, n° 929, sq. ; *Duranton*, XXI, n° 390 ; *Vazeille*, Prescription, n° 495.

(3) Bourges, 10 janv. 1826 (Dal. v° Presc. n° 932, 1°).

Paris, 1er mars 1808 (Dal. ibid.) ; Lyon, 29 juillet 1854 (D. P. 1855, 2, 175).

tance suffit pour que l'acheteur ne puisse se dire possesseur de bonne foi à l'encontre des héritiers de la femme, alors même qu'il eût payé son prix, car il est censé avoir connu la nature du bien vendu. Il est inutile d'ajouter que si l'acquéreur, après avoir eu connaissance du droit d'autrui, prétendait que cette circonstance s'était effacée de son esprit lors de l'acquisition, il devrait prouver son allégation. Dans le doute, les juges devront se prononcer en faveur de la bonne foi (1). Néanmoins, et c'est là la seule différence à signaler entre les effets de l'erreur de droit et ceux de l'erreur de fait, si l'acheteur se prévalait de sa bonne foi, malgré la nullité du titre à lui communiqué, sous prétexte qu'il ignorait l'existence de cette cause de nullité, ce serait à ce dernier qu'incomberait le fardeau de la preuve de son allégation (2).

Cette manière de voir peut cependant prêter le flanc à la critique à cause du rapprochement des art. 550 et 2268. Où prenez-vous, me dira-t-on peut-être, une distinction que la loi ne fait nulle part ? Je répondrai simplement que nul n'est *présumé* ignorer la loi ; voilà comment je suis tenté de traduire l'ancienne maxime. Or, du moment qu'on établit contre un possesseur qu'il a eu connaissance d'un titre, on doit présumer par suite qu'il en a apprécié la valeur juridique ; que s'il veut, à son tour, exciper de son ignorance du droit, le principe : *actori probatio*, doit reprendre son empire, et les rôles sont renversés.

11. § 2. — *De l'erreur sur le titre.*

On vient de voir ce qu'il fallait entendre par la

---

(1) *Vazeille* (loc. cit.), n° 495; *Dalloz*, v° Prescription, n° 941).

(2) *Aubry* et *Rau*, II, § 218, p. 384.

bonne foi proprement dite ; il me reste à me demander si l'erreur peut porter chez nous sur le titre lui-même, c'est-à-dire si un titre putatif peut suffire.

J'ai donné plus haut la définition du titre : c'est le fait juridique qui eût été translatif de propriété si celui dont il émane eût été propriétaire ; je n'aurai pas à revenir ici sur les controverses que soulève en droit romain la théorie du titre putatif, car notre Code a pris soin de trancher la difficulté dans son article 2267 (1) : « Le titre nul pour défaut de forme, « ne peut servir de base à la prescription de dix et « de vingt ans. »

Voilà qui semble bien formel ; pourtant, quelques hésitations existent encore ; je vais signaler rapidement les principales.

Ce qui se dégage à première lecture du texte que je viens de citer, c'est que le juste titre est considéré par notre droit comme formant une des conditions d'excusabilité de la bonne foi du possesseur : il la justifie sans se confondre avec elle (2). Que penser

---

(1) Pothier a reproduit la doctrine romaine, si tant est que l'on puisse donner ce nom aux dispositions contradictoires des textes classiques. Il se prononce en faveur du titre putatif mais cette opinion était déjà combattue par Lemaître qui écrivait avant Pothier. — A l'exception des titres *pro herede* et *pro legato* les coutumes semblent rejeter le titre putatif. (Voy. *Dunod* (op. cit.); *Domat*, Lois civiles (1777); *Merlin*, Rép. T. IX v° Prescription, p. 428.

Les travaux préparatoires ne me paraissent laisser aucun doute sur l'intention du législateur de 1804 : « Nul ne peut « croire de bonne foi qu'il possède comme propriétaire, dit « Bigot de Préameneu, s'il n'a pas un titre qui soit de sa na- « ture translatif de propriété et qui soit d'ailleurs valable. » Voy. *Vazeille*, Prescript. n° 473; *Duranton* XXI, n° 384; *Troplong* II, 892; *Zachariæ* § 217 texte et note 4.

(2) *Aubry et Rau*, II, § 218, p. 380, texte et note 19.

en effet d'un homme qui viendrait dire : « Je suis de
« bonne foi, mais je ne puis produire aucune pièce
« à l'appui du droit que j'invoque ? » A coup sûr,
ce serait le langage d'un fou ou d'un escroc. D'autre part, les titres précaires ne peuvent évidemment
pas être considérés comme de justes titres au point
de vue de l'usucapion. Mais ce qui est beaucoup
plus délicat c'est de déterminer avec précision dans
quelles hypothèses le titre est ou non putatif ; l'intérêt de la question est considérable cependant, puisqu'il y va de la possibilité d'usucapion. Cherchons
donc à formuler quelques principes.

12. — Il faut, ai-je dit, un acte translatif de propriété. Cette première condition exclut :

A. Les jugements déclaratifs, tels que ceux sur
licitation des biens d'un défunt, sur action en revendication. (On sait qu'à Rome, la question se discutait pour ces derniers (1).

B. Le partage (a 883, C. civ.). Si l'on a mis dans le
lot de l'un des cohéritiers un immeuble qui n'appartenait pas au *de cujus*, le cohéritier ne pourrait pas
usucaper en vertu du partage si le *de cujus* ne l'a-
vait pas pu lui-même. — Mais je n'en dirais pas autant du partage d'ascendants réalisé par voie de donation entre vifs, car cet acte constitue une disposition de biens présents et à titre particulier : je serais
donc tenté de le ranger dans la catégorie des justes
titres.

C. Que doit-on penser de la transaction ? Ici, la
controverse est vive : on sait que nos anciens auteurs la considéraient comme déclarative. D'émi-

---

(1) *Aubry et Rau*, II, § 218, p. 377, note 5.

nents jurisconsultes de notre époque (1), s'appuyant sur quelques textes de droit romain, ont proposé une distinction : pour eux, la transaction ne serait translative que dans le cas où elle créerait pour l'une des deux parties une cause nouvelle de possession. Un exemple va mettre cette idée en lumière : *Primus* plaide contre *Secundus* relativement à la propriété de l'immeuble A. Une transaction intervient, et *Primus* demandeur consent à l'abandon de sa prétention à la condition que *Secundus* lui transfère la propriété de l'immeuble B. On voit, en examinant l'opération, qu'il n'y a là qu'un échange, et par conséquent un acte qui n'a en rien le caractère déclaratif. Assurément, j'y verrais un juste titre. Peut-être ne serait-il pas impossible d'aller plus loin encore et de dire que la transaction est toujours translative, puisque l'art. 2048 du C. civ. nous dit qu'elle renferme une renonciation ; on ne renonce qu'à ce que l'on a ; l'acte serait donc translatif au moins des prétentions à la propriété. Mais je ne veux pas approfondir la question qui m'entraînerait trop loin.

13. — Il va sans dire qu'un titre inexistant ne peut être considéré comme un juste titre ; mais que faut-il décider d'un titre nul ? Peut-il servir de fondement à la bonne foi ? Dans l'ancien droit la négative était certaine (2), mais aujourd'hui le doute peut naître à cause de la rédaction singulière de l'art. 2267 qui semble établir une différence entre les

---

(1) *Aubry et Rau*, II, § 218, p. 376, note 4 et les autorités qu'ils citent. *Mourlon*. Transcription, I n° 75, p. 176.

(2) *Dunod de Charnage* (op. cit. I c. VIII, p. 47).—*D'Argentré* sur l'art. 266.Cout. de Bretagne.

nullités de fond et les autres nullités, ce qui autorise, à première lecture, pour ces dernières un argument *a contrario.* Mais il faut, sans hésiter, (1)
proscrire cette distinction comme arbitraire et surtout comme complètement irrationnelle : c'est *a fortiori* qu'il faut argumenter du texte que je viens de
citer et nullement *a contrario* (2). D'ailleurs peu importerait qu'une exécution volontaire fût intervenue après coup soit pour une donation soit pour un
legs fait dans un testament nul. Comme, par hypothèse, je ne m'occupe que des nullités absolues en
ce moment, et que, par suite, toute personne inté-
ressée est admise à s'en prévaloir, il en résulte qu'en
dépit de l'exécution volontaire dont je viens de parler, rien n'empêcherait le véritable propriétaire de
revendiquer contre le donataire ou le légataire sans
que ce dernier pût paralyser sa demande par une
exception tirée de l'usucapion de dix à vingt ans.

14. — Restent les nullités relatives, telles que
celles qui résultent de l'incapacité, de l'erreur, du
dol et de la violence.

Nos anciens auteurs (3) ne considèrent pas ces
nullités comme suffisantes pour rendre le titre ino-
pérant. « Le titre annulable, dit Dunod, forme un
« titre putatif et coloré à l'ombre duquel l'acqué-
« reur peut se croire le maître et posséder de bonne
« foi. » Ce précédent constitue un argument qui paraît bien fort, aujourd'hui encore, en faveur de ce
système. Cependant, l'opinion contraire est soutenue avec chaleur. Ce que la loi veut, écrivent les

---

(1) *Aubry et Rau,* II, § 218, p. 377 et sq. notes 7 et [sq.
(2) *Fenet* T. XV, p. 593.
(3) *Dunod de Charnage,* (Des Prescriptions, loc. cit.)

partisans de cette doctrine, c'est une bonne foi appuyée sur un juste titre ; c'est au jour de l'acquisition qu'il faut se placer pour apprécier si ces conditions sont réalisées : peu importent les événements postérieurs : or, si le titre est annulable, c'est un titre malade tant qu'il n'est pas confirmé, et comme tel non translatif de propriété définitive : il ne peut donc pas être rangé dans la catégorie des justes titres. Je ne saurais, pour ma part, admettre ce raisonnement : il méconnaît, à mon avis, les principes juridiques les plus certains ; c'est ce que je vais m'efforcer de démontrer en quelques lignes (1).

Et d'abord, n'est-ce point une règle écrite en toutes lettres dans notre loi que celui-là seul qui était incapable, ou qui a été la victime du dol, de l'erreur ou de la violence, peut invoquer la nullité de l'acte qu'il a consenti ? ne voit-on pas que l'on viole ouvertement cette doctrine en admettant que le propriétaire revendiquant se prévale de la nullité pour dire à l'acquéreur : « vous n'avez pas pu usucaper mon immeuble car vous n'aviez pas de titre ? »

En second lieu, soutenir que le titre annulable est un titre malade, et qu'il faut un titre absolument inattaquable *au jour de l'acquisition*, c'est ce que je me permettrai d'appeler une pétition de principes. On oublie, du reste, en affirmant que les faits ultérieurs sont sans influence sur la validité du titre, on oublie que la confirmation a un effet rétroactif, car l'acheteur qui a traité avec un incapable par exemple, a acquis la propriété sous la condition négative : si

---

(1) En ce sens, MM. *Aubry et Rau*, II, § 218, p. 378 lettre *d* et les notes.

l'incapable n'use pas de son action. Si donc la confirmation a lieu, la condition sera accomplie, et cela avec une pleine rétroactivité (a 1179). Qu'on ne vienne pas m'objecter que cette prétendue rétroactivité n'est qu'un mot à cause de l'art. 1338 qui veut que la confirmation ne nuise en rien aux tiers, car il me serait facile de répondre que cette opinion repose sur une confusion juridique. En effet tout le monde s'accorde à voir dans les tiers dont parle ce texte les cessionnaires exprès on tacites de l'action en nullité, qui ont traité avec la personne qui aurait pu l'intenter. Or, je le demande, si cette définition est admise, le propriétaire revendiquant, et qui n'a jamais eu, je le suppose, de relations avec le titulaire de l'action en nullité, rentre-t-il dans cette catégorie des tiers?

Ma conclusion sera donc que si le titre n'est qu'annulable, il ne cessera pas pour cela d'être un juste titre. Alors même que le possesseur connaîtrait l'existence du vice, sa bonne foi serait encore parfaitement excusable (1), car il pourrait croire le titulaire de l'action en nullité disposé à confirmer l'acte translatif. Comme le font très-justement observer MM. Aubry et Rau, si la décision contraire peut être admise en droit romain spécialement pour le cas où le vendeur était un pupille, cela n'infirme en rien le système des savants auteurs auxquels j'ai cru devoir me rallier ; car (et j'ai insisté plus haut sur ce point) (2), la vente consentie à Rome par un pupille n'était pas seulement annulable comme elle l'est en France, mais bien frappée

---

(1) Req. rejet 27 fév. 1856 (Sir. 56, 1, 799).
(2) V. ci-dessus, Thèse romaine, p. 21.

d'une nullité absolue et insusceptible de transférer la propriété quoiqu'elle eût été suivie de tradition (1).

Spécialement pour le cas de dol, M. Troplong croit trouver un argument en faveur de la thèse inverse dans la C^{on} 6 au Code (7, 33) de præsc. longi temporis. Selon cet auteur, la bonne foi est incompatible avec ce genre de nullité, mais il ne voit pas qu'il commet, en l'affirmant, une confusion véritable entre la bonne foi et le titre, et que cette doctrine revient toujours à permettre au propriétaire de se prévaloir d'une nullité qui n'est pas faite pour lui. Du reste rien ne prouve que la mauvaise foi existe forcément chez le détenteur.

Toutefois, il est à remarquer, malgré le parti que j'ai adopté dans la controverse qu'on vient de lire, que s'il est vrai de dire que le propriétaire peut se voir opposer l'usucapion accomplie par le possesseur, il lui restera cependant une ressource : car étant devenu créancier du vendeur, il sera admis à exercer l'action en nullité de ce dernier (art. 1166). Il pourra donc atteindre le tiers détenteur, et échapper ainsi à l'exception tirée de l'usucapion qui aura été suspendue au profit de l'incapable ou de la victime de l'erreur, du dol ou de la violence.

15. — *Contrats conditionnels.* — Un contrat subordonné à une condition suspensive doit-il être considéré comme formant un juste titre ? Je ferai observer tout d'abord que l'hypothèse sera fort rare, car le plus souvent la mise en possession sera recu-

---

(1) V. *Dunod* (op. cit. p. 48).

Aubry et Rau II § 218, pp. 381 note 24 et 383 note 26, et les autorités qu'ils citent. — Cf. *Troplong* II, 917-922 ; *Taulier* VII, p. 486-488 ; *Vazeille*, II, p. 480-483.

lée juqu'à l'arrivée de la condition. Mais enfin, en supposant le fait, je crois qu'avant ce moment, le possesseur n'a pas un titre suffisant pour fonder son usucapion : en effet, l'*animus domini* lui manquera forcément puisqu'il se sentira exposé à la défaillance de la condition. Cependant M, Duranton a défendu le système contraire (1) : ce jurisconsulte entraîné par la théorie de la rétroactivité de la condition, raisonne ainsi : une fois la condition arrivée tout doit se passer comme si le contrat avait été pur et simple ; c'est donc du jour de l'entrée en possession que courent les délais d'usucapion. L'éminent auteur a perdu de vue qu'il n'y a pas de fiction légale qui résiste à un fait, et qu'en fait l'acheteur n'a pas pu se croire propriétaire définitif avant l'évènement qui suspendait son droit(2)— Mais s'il s'agissait d'un contrat affecté d'une condition résolutoire, ma solution changerait complètement. L'usucapion court par exemple au profit de l'acheteur à réméré du jour de la tradition : l'art. 1665 du C. Civ. prouve le bien fondé de cette distinction entre les deux espèces de conditions : c'est ainsi que j'ai cru devoir admettre que l'acheteur dont le titre est annulable pût usucaper tout de suite : le vendeur incapable par hypothèse, ayant conservé la propriété sous condition suspensive, l'acheteur n'est-il pas, à l'inverse, saisi d'une propriété sous condition résolutoire?

16. — On sait que depuis la loi du 23 mars 1855 tout acte translatif de propriété immobilière, est, comme sous l'empire de la loi du 11 brumaire de l'an

---

(1) *Duranton,* XXI n° 376, page 616.
(2) En ce sens MM. *Aubry et Rau* II, § 218 p. 379.
  Cf *Laurent* XXXII n° 398, p. 421.

VII, soumis à une condition spéciale : la transcription. Il est donc nécessaire de se demander si un titre non transcrit est opposable comme juste titre au véritable propriétaire.

De 1804 à 1856, il suffisait pour que cette opposabilité existât, que le titre eût acquis date certaine (art. 1328) ; mais aujourd'hui, le propriétaire auquel le possesseur vient dire qu'il a un titre non transcrit, n'est-il pas en droit de lui répondre : « Pour moi, un titre dans les conditions du vôtre est non avenu : c'est le néant! car je suis un des tiers de l'art. 3 de la loi de 1855 ! J'ai un droit réel sur l'immeuble, le plus énergique de tous, la propriété : je l'ai conservé en me conformant aux lois, puique la loi n'exigeait de moi aucun acte spécial ! Et même, je vais plus loin, ajoutera ce propriétaire, je prétends que vous êtes de mauvaise foi ! Car, n'ayant pas transcrit, vous ne pouvez pas soutenir que vous ignoriez les vices de votre titre. »

Cette argumentation en apparence si concluante doit-elle prévaloir ? Je ne le pense pas. Examinons brièvement le sens exact de cet art. 3, qui a soulevé tant de controverses. Qu'a voulu le législateur de 1855 ? Une seule chose : protéger l'acquéreur contre les ayants-cause du vendeur, qui, titulaires de droits sur le même immeuble, les auraient publiés après lui. Cela posé, il est évident que le propriétaire ne remplit en rien les conditions requises pour être un tiers qui puisse invoquer le défaut de transcription du titre du possesseur. Est-il ayant-cause de l'auteur de ce dernier ? Nullement ; il ne le connaît probablement pas. A-t-il acquis un droit postérieurement au possesseur ? Encore moins, son droit préexistait ! Du reste, qu'importerait au propriétaire que la transcription eût été faite? Absolument rien : ne connaissant ni le vendeur ni l'acheteur, il aurait été dans l'impossibilité la plus complète de se renseigner, grâce à la base de notre publicité hypothécaire. Les seuls tiers qui soient admis à invoquer le défaut de transcription, sont ceux auxquels cette transcription eût préjudicié. Quant à l'argument tiré de l'art. 550, il s'évanouit devant cette considération qu'on ne saurait voir un vice du titre dans le défaut de transcription (1).

On insiste cependant, et l'on nous dit : « Lisez donc l'art 2180 ! C'est là que l'esprit du législateur apparaît : on exige pour l'extinction par la prescription de dix à vingt ans des priviléges et hypothèques, que le titre d'acquisition soit transcrit. Ne serait-il pas inconséquent de se montrer moins sévère pour l'extinction de la propriété elle-même? Eh bien, non ; l'inconséquence n'est qu'apparente si l'on veut bien observer la différence profonde qui sépare les situations du propriétaire et du créancier hypothécaire, au moins dans l'hypothèse où l'aliénation n'émane pas *a non domino :* le premier ne connaît point l'aliénateur, le second se trouve, au contraire, en relation avec lui, et, par suite, la transcription qui n'aurait rien appris à l'un, aura pour l'autre une utilité primordiale (2).

---

(1) En ce sens : *Mourlon,* II, 512 ; *Aubry* et *Rau,* II, § 209, n° 106, p. 320.

Contrà : *Flandin,* de la transcrip. II, 905 et sq. ; *Colmet de Santerre,* V, 56 bis, VI.

(2) Il y aurait lieu d'examiner ici la question si discutée de savoir si, lorsque le conflit s'élève entre les ayants-cause de deux auteurs différents, l'usucapion peut courir au profit de celui dont l'auteur n'a pas transcrit, alors même qu'il a

17. — La même solution doit-elle être maintenue si l'on est en présence d'un acte à titre gratuit, d'une donation immobilière qui n'a pas été transcrite ? MM. Aubry et Rau le soutiennent (1). Cependant, l'hésitation est bien permise à cause des termes de l'art. 941 du Code civil, qui seul régit la matière. Il résulte de ce texte que les tiers sous le Code civil et les tiers de la loi de 1855 forment deux catégories de personnes absolument distinctes : pour pouvoir se prévaloir du défaut de transcription en matière de donations, il suffit d'y avoir intérêt : le propriétaire n'est-il pas le premier de tous les intéressés à le faire ? Malgré la puissance de ces raisons, j'admettrai que le propriétaire de l'immeuble donné ne peut invoquer le défaut de transcription, en me fondant principalement sur la rédaction de l'art. 27 de l'ord. de 1731, texte que l'art. 941 n'a fait que reproduire, et qui montre bien que le rédacteur de l'ordonnance a voulu prémunir le donataire contre les ayants-cause du donateur qui sont les intéressés les plus directs à lui opposer son défaut de transcription (2). D'ailleurs, les raisons sont les mêmes que celles que j'ai données plus haut pour les actes à titre onéreux ; c'est le cas d'appliquer la maxime : « *Eadem ratio,* « *idem jus.* »

---

transcrit son contrat à lui. Mon silence s'explique à cet égard, car j'admets avec la jurisprudence que l'usucapion ne lui est pas même nécessaire ; il est propriétaire et peut triompher de toute revendication dirigée contre lui par l'autre ayant-cause.

(1) *Aubry* et *Rau*, II, p. 380, § 218, note 18.

(2) Contrà : *Bordeaux*, 26 fév. 1851 (Dal. P. 52, II, 52). Cf. *Laurent*, princ. XXXII, n° 395, note 2, p. 417.

CHAPITRE II

§ 1. Chez qui la bonne foi est requise. — A quel moment elle est exigée. — § 2. De la jonction de possession.

§ 1. 18. — C'est dans l'hypothèse d'une acquisition par mandataire que se pose la question de savoir quelle est la personne à considérer, relativement à la condition de bonne foi : quelques réflexions suffiront à éclaircir ce sujet ; en droit romain, le problème était plus complexe, à cause des principes, spéciaux à cette législation, sur le mandat et la nécessité pour le possesseur d'avoir la connaissance de sa possession. Mais, sous l'empire du Code civil, notre tâche est bien simplifiée, grâce à la représentation admise chez nous de la façon la plus complète.

Assurément, si nous supposons un mandant de mauvaise foi, la question d'usucapion par 10 à 20 ans ne saurait se poser quelle que fût, d'ailleurs, la bonne foi du mandataire. Mais, si le mandant est, au contraire, de bonne foi, nous devrons soigneusement distinguer les deux cas suivants :

1° Tous deux sont de bonne foi. Aucune difficulté encore. Il va sans dire qu'à l'instant même où le mandataire entre en possession, le mandant commence à usucaper.

2° Le mandataire est de mauvaise foi. Ici l'hésitation se comprend. Qu'importe, pourrait-on dire, la mauvaise foi d'un instrument? Le mandant est la seule personne qui, juridiquement, soit en scène! Il peut donc usucaper tout de suite en dépit de la mauvaise foi de son représentant. C'est cependant à la solution inverse que je m'arrête; il est, en effet, à remarquer que la volonté du mandataire joue un rôle considérable à l'instant de la prise de possession : or, par hypothèse, cette volonté est viciée. Celle du mandant passe par celle du mandataire et est censée ne faire qu'un avec cette dernière; elle en subit l'empreinte, pour ainsi dire, dès l'*initium possessionis*.

Ce qui prouve qu'il est absolument impossible de faire abstraction de la volonté du mandataire, c'est qu'on aboutirait, dans le système adverse, à décider que l'usucapion de dix à vingt ans serait la seule possible pour les êtres moraux, alors même que le gérant eût été de mauvaise foi, lors de la prise de possession. Ce résultat est évidemment inadmissible, et voici les principales conséquences auxquelles me conduit le principe que j'ai cru devoir adopter.

A. Un gérant achète un immeuble pour une société qui n'est point personne morale : c'est chez lui que doit se réaliser la condition de bonne foi, mais il faudra de plus la bonne foi de tous les membres de la société si leur nombre est limité et si leurs pouvoirs sont égaux, car ils seront tous, après l'usucapion, copropriétaires de l'immeuble acheté.

B. Supposons une société, personne morale. La bonne foi devra encore exister chez le gérant, mais ne sera plus nécessaire chez les actionnaires, car, n'ayant qu'un droit mobilier (a 529, C. Civ.), ils ne seront plus co-propriétaires. Seulement, je suis conduit à exiger la bonne foi de la majorité des membres du conseil d'administation ou de surveillance, conseil qui n'est que le représentant de la personne morale. J'ai dit *la majorité*, car l'opinion de la minorité dissidente et à considérer comme inexistante, et, par suite, il importe peu que la minorité soit ou non de bonne foi -- De même pour l'acquisition faite par une commune je serais porté à me contenter de la bonne foi chez le maire et la majorité des membres consentants du Conseil municipal. C'est la même idée qui devrait être étendue à toutes les hypothèses analogues. (Achats par une fabrique, un hospice, etc...)

19. — L'art. 2269 est ainsi conçu : « Il suffit que la « bonne foi ait existé au moment de l'acquisition. »

Le Code est revenu, on le voit, à l'ancienne doctrine du droit romain. Malgré les tendances de la législation canonique que j'ai ébauchées à grands traits plus haut, et sur lesquelles je ne veux pas insister darantage, le principe actuel s'était déjà fait jour, quoiqu'avec peine dans notre ancien droit; il est formellement consacré dans un arrêt du 18 mai 1684 (1).

C'est par application de cette règle, qu'il faut décider que si un mandant n'a connaissance du droit d'autrui qu'après le jour du contrat, son usucapion ne peut être entravée car « *mala fides superveniens non nocet.* »

La loi nous apprend que le moment du contrat est le seul à considérer pour apprécier l'existence de la condition que j'étudie. Cette décision est en harmonie avec notre théorie sur la transmission de

---

(1) Rec. de jurisprudence de Guy du Rousseaud de la Combe. *Laurent,* Principes de droit civ. T. XXXII n° 416 p. 441.

la propriété *solo consensu* (art. 1138). C'est en effet, à ce moment-là aussi que la possession se déplace et non point, comme en droit romain, au jour de la tradition.

20. — Mais que faudrait-il décider si l'acquisition avait lieu sous condition suspensive? MM. Aubry et Rau (1) soutiennent que c'est encore à l'instant du contrat qu'il faut exclusivement s'attacher. L'art. 2269 ne fait aucune distinction. D'ailleurs, la condition une fois accomplie a un effet rétroactif (a 1179) et tout doit se passer comme si le contrat avait été pur et simple.

Assurément, voilà des raisons qui paraissent militer d'une façon péremptoire en faveur de cette doctrine. Elle me semble cependant difficile à adopter. Je serais tenté, pour ma part, de traduire ainsi l'art. 2269 : « Il faut examiner la bonne foi au jour où l'acquéreur a pu se considérer comme propriétaire. » Sans doute, le plus souvent la formule du texte sera rigoureuse, mais, dans l'hypothèse que j'examine, peut-on dire que, tant que la condition est pendante, l'acquéreur, même mis en possession, soit en droit de se regarder comme propriétaire ? — On répond, dans le système que je combats, que l'incertitude du possesseur ne porte pas sur le droit de son auteur, mais seulement sur l'issue du contrat qui est en suspens : soit, mais cette incertitude doit suffire pour enlever *l'animus domini* tant que le sort de l'aliénation n'est pas fixé. — S'il s'agissait d'une acquisition sous condition résolutoire,

---

(1) Tome II § 218 p. 384 note 31 — Contrà *Pothier*, Prescription n° 90 ; *Troplong*, ibid. n° 910 ; *Larombière*, des Obligations, II p. 194 n° 4 ; *M. Mabire*, à son cours.

je ne donnerais pas la même solution ; ici, j'admettrai très-bien que la bonne foi doit exister uniquement au jour du contrat.

21. — En matière de legs la bonne foi du légataire doit examinée au jour de l'acceptation, et non
du décès, bien que le droit se soit fixé pour lui à ce
moment, mais ce n'est qu'après qu'il a manifesté
son intention que ce droit est devenu irrévocable. —
Si l'usucapion avait été interrompue, il faudrait
décider, je crois, que la bonne foi doit s'apprécier à
nouveau, à l'instant où le possesseur recommence à
usucaper. La bonne foi qu'il aurait eue au début de
sa possession ne pouvait suffire à le couvrir pour
l'avenir, car l'effet juridique de l'interruption est
précisément de faire considérer tout le passé comme
non avenu (1); c'était du reste déjà la solution
admise par le droit romain.

22. — La règle de l'article 2269 a été l'objet de
vives attaques : nombre d'auteurs contemporains (2)
regrettent sur ce point la législation canonique.
Quelques-uns justifient notre Code pour les acquisition à titre onéreux, car l'acheteur ayant payé
comptant, par hypothèse, a bien droit à quelques
égards. Mais où la critique devient plus forte c'est
quand on est en face d'un donataire. L'équité et la
morale ne sont-elles pas blessées lorsqu'on voit un
homme s'enrichir sciemment, et sans excuse, au

---

(1) La thèse contraire a été consacrée par un arrêt de la Cour
de cass. du 2 avril 1845 (Sirey, 45, 1, 241). Serait-il indiscret
de demander où la Cour a trouvé le principe suivant : « L'in-
« terruption rend seulement inefficace la possession antérieure
« sans affecter le titre duquel elle procédait? »

(2) Voir notamment *M. Laurent*, Principes de droit civil T.
VI p. 293 n° 220 et T. XXXII p. 416 n° 441.

détriment du vrai propriétaire, et cela sous l'égide d'une loi qui le favorise ? Certes, il y a là une anomalie introduite probablement pour couper court aux difficultés de preuves : c'est peut-être une protection exagérée donnée à la possession, mais devant un texte aussi formel que le nôtre, l'interprète doit savoir obéir et n'élever la voix que pour demander une réforme législative.

§ 2. — *De la jonction de possession.*

23. — La théorie de la jonction de possession va nous montrer l'application des idées qui précèdent. Un homme peut-il en soudant sa possesion à celle de son auteur, bénéficier du temps déjà écoulé au profit de ce dernier ? C'est à cette question que répond l'article 2235 du Code civil : « Pour complé- « ter la prescription, on peut joindre à sa posses- « sion celle de son auteur, de quelque manière « qu'on lui ait succédé, soit à titre universel, soit « à titre particulier, soit à titre lucratif ou onéreux. »

24. — Tous les auteurs s'accordent à reconnaître que ce texte est beaucoup trop général. Des distinctions doivent être faites ; c'est à l'étude de ce sujet que je dois maintenant m'attacher au point de vue de la bonne foi.

A. *Successeurs universels.* (*Saisis ou non*) (1). Pour eux, à proprement parler, il n'y a pas jonction de possessions : ils continuent, même malgré eux, la possession de leur auteur, et cela avec les caractères qu'elle avait

---

(1) *Aubry et Rau* II, § 181, page 102, et les autorités qu'ils citent. — Adde *Laurent*, XXXII, p. 376 n°s 357 sq. (op. cit.) — Il est à remarquer en effet que la règle posée dans l'art. 2237 (C. civ.), existait déjà à Rome où cependant la saisine était inconnue. — Cbn. *Locré*, Lég. civ. t. XVI, p. 565, n°s 11 et 12.

sans que leur bonne ou mauvaise foi à eux, puisse être d'aucune influence. L'auteur a-t-il été de bonne foi ? la mauvaise foi du successeur ne sera qu'une *mala fides superveniens* : l'auteur était-il de mauvaise foi ? l'usucapion de dix à vingt ans sera impossible malgré la bonne foi du successeur.

L'héritier bénéficiaire doit-il souffrir comme un héritier pur et simple des suites de la mauvaise foi de son auteur ? Dans notre ancien droit, Balde défendait la négative : il lui semblait que la situation spéciale donnée à l'héritier bénéficiaire, devait le faire considérer comme étranger à la succession, et par suite, comme capable de commencer une possession nouvelle utile pour l'usucapion. Mais il avait trouvé des contradicteurs. C'est ainsi que Covarruvias fit très justement remarquer que cet héritier représentait le défunt et, par suite, était à assimiler à l'héritier pur et simple quant au point de vue qui nous occupe (1). La même solution s'impose aujourd'hui (2).

Dans l'hypothèse où l'acquéreur était une personne morale, Dunod pensait que la possession pouvait commencer pour l'usucapion, après la mort de tous ceux qui avaient participé à l'acquisition de mauvaise foi, sous le prétexte que les successeurs survivants ne représentaient pas les prédécédés (3). — C'est là une confusion évidente ; car les personnes survivantes représentent non point sans doute individuellement les membres morts, mais bien la

---

(1) *Dunod* (op. cit.)

(2) *Vazeille,* Prescription n° 476.

(3) *Dunod,* de Prœscrip. partie I c. 8. Cf. *Voët* sur le Dig. de usurp. et usuc. n° 8.

personne morale. Il n'y a même, pour être exact, aucun changement : la possession de l'être de raison se continue telle qu'elle était, et si, au début la mauvaise foi existait, jamais la bonne foi des membres, à un moment quelconque ne pourrait faire disparaître le vice originaire (1).

B. *Successeurs particuliers*. Ici, il peut être véritablement question de jonction de possession, et, par conséquent, je devrai m'étendre un peu plus que je ne l'ai fait tout à l'heure.

Le principe qui domine toute la théorie est que tout successeur de bonne foi est admis à se prévaloir de la bonne foi de son auteur mais jamais la mauvaise foi de ce dernier ne peut lui nuire (2). Ce n'est là, on le voit, que la reproduction de la règle romaine. Il va sans dire, du reste, que, pour que la jonction soit possible, il faut qu'il n'y ait eu aucune interruption dans la possession : la jonction est facultative.

Supposons un successeur à titre particulier de mauvaise foi ; je n'hésite pas à dire que la jonction sera impossible, alors même que l'auteur eût été de bonne foi. Cependant la thèse contraire a trouvé des défenseurs : examinons donc en quelques lignes comment M. Vazeille a pu argumenter dans ce dernier sens (3).

Je lis dans l'ouvrage de ce dernier : « Le titre « qu'une personne de mauvaise foi obtient d'un

---

(1) En ce sens, *Troplong*, Prescription n° 935 ; *Vazeille*, n° 473.

(2) *Delvincourt*, II p. 658 ; *Mourlon* Rép. écrites III n° 1840 ; *Aubry et Rau*, II p. 385, § 218. — Cass. req. 22 juil. 1874 (D. P. 1875, 1, 175.)

(3) *Vazeille*, Prescription II, n° 497.

« précédent acquéreur de bonne foi n'est pas celui
« qui sert de fondement à la prescription : il n'opère
« qu'une subrogation au titre du premier acqué-
« reur ; il est le titre d'acquisition de la possession
« qu'avait le premier acquéreur et non pas le titre
« d'acquisition d'une possession nouvelle. *Cette con-*
« *séquence peut paraître violente*, mais elle tient ce
« caractère du principe de l'art. 2269. »

M. Troplong (1) se constitue l'avocat de la même
doctrine. Ce qui ressort de la discussion c'est que la
seule raison nouvelle sur laquelle il s'appuie est tirée de l'art. 2235. Mettons en lumière ces deux arguments qu'il va falloir détruire sous peine de succomber.

C'est à l'*initium possessionis*, dit-on d'abord, qu'il
faut se placer pour apprécier la bonne foi ; or dans
notre hypothèse, c'est donc le jour de la première
acquisition qu'il faut considérer. La mauvaise foi
du deuxième acquéreur est une *mala fides superveniens*, à cause de la subrogation de ses droits aux
droits de son auteur.

Assurément, voilà une affirmation qui fait le plus
grand honneur à la subtilité juridique de ceux qui
l'ont imaginée, mais qui, sur le terrain de la raison,
conduit à des conséquences injustes, et, sur le terrain du droit, à une véritable hérésie.

A des conséquences injustes..... Ne sent-on point en
effet la différence profonde qui sépare la mauvaise
foi d'un homme qui a été de bonne foi au début de

---

(1) *Troplong*, Prescription I, n° 432, II n° 938. — Cbn. *Aubry
et Rau* (loc. cit.), § 218, note 37 ; *Laurent*, Principes de Droit
civ. t. XXXII, p. 380 sq. n°ˢ 361 sq. *Leroux de Bretagne*, I
p. 267, n° 352 ; *Liège*, 13 mars 1850 ; (Pasicrisie 1850, 2, 275).

sa possession et celle qui est concomitante à l'acte
d'acquisition ? Car les savants auteurs auront beau
faire, tant qu'ils ne nous montreront pas dans la loi
un texte formel édictant l'espèce nouvelle de subrogation dont ils veulent enrichir nos institutions,
tant qu'ils ne nous feront pas voir que le titre du
deuxième acheteur doit s'effacer pour céder le pas
exclusivement à celui du premier possesseur, nous
serons en droit de leur dire : « Votre système n'est
qu'un édifice qui manque de base et qui n'a pas
même le moyen d'invoquer la justice de sa cause ! »

A une véritable hérésie..... Car l'opinion que je
combats raye d'un trait de plume l'art. 2265 : rien
n'est aussi simple quand un texte vous embarrasse.
« *Celui qui acquiert de bonne foi,* » nous dit la loi, lisez : *un acquéreur de mauvaise foi* ; car enfin, un successeur particulier est un acquéreur, on ne peut pas
le nier, et c'est chez lui qu'il faut examiner si la
bonne foi existe (1). L'art. 2269 veut au jour de l'acquisition la bonne foi de celui qui est en scène et
non de l'auteur de ce dernier ; sans quoi le Code aurait cherché à tendre des pièges à l'interprète et à
surprendre sa sagacité par d'indéchiffrables énig-
mes.

Du reste, quel est l'esprit de la loi ? N'est-ce pas

---

(1) Cet argument semblerait pouvoir être reproduit pour
les successeurs universels à cause de l'art. 711 (C. civ.) : mais,
grande est la différence entre celui qui succède *titulo singulari* ou *in universum jus* ; s'il est vrai que la loi considère la
succession comme un mode d'acquérir, il est incontestable
aussi que, *juridiquement,* la possession de l'héritier n'est pas
une possession *nouvelle ;* mais bien la *continuation* de celle
du *de cujus :* il n'y a point ici changement de la personne juridique comme dans le cas d'acquisition *titulo singulari.*

d'accorder la faveur d'une usucapion privilégiée à celui qui est victime d'une erreur invincible ? Partant de cette idée, on arrive à conclure dans la théorie de nos adversaires que la même prérogative doit être accordée à ceux qui se trouvent dans des conditions diamétralement opposées, et qui ne peuvent, pour toute justification, alléguer que l'erreur d'autrui ! Voilà des résultats qu'on ne s'attendait pas à rencontrer sous la plume d'un jurisconsulte !

On insiste : l'art. 2235 fait-il la moindre distinction ? Pourquoi vous, en introduisez-vous une ? — Heureusement la réponse est facile : ce texte n'a pas en effet pour but de déterminer les conditions auxquelles la jonction est subordonnée, mais seulement de poser le principe. D'ailleurs, avec l'idée de subrogation au titre de son auteur, il faudrait, en bonne logique, aller jusqu'à soutenir que si l'acquéreur de bonne foi succédait à un posseesseur de mauvaise foi, c'est-à-dire dans l'hypothèse inverse de celle que j'examine, la possession de *Secundus* serait infectée du même vice que celle de *Primus* dont il est l'ayant-cause ; et pourtant l'art. 2239 prend la peine de prévoir et de rejeter cette conclusion. M. Vazeille lui-même est obligé de convenir que la manière de voir qu'il présente « peut paraître vio- « lente.» C'est un aveu dont je m'empresse de prendre acte.

S'il y a plusieurs transmissions successives, les mêmes règles devront être suivies. La mauvaise foi d'un seul des possesseurs, rend inutile la bonne foi de tous ceux qui l'ont précédé.

Si le successeur particulier était de bonne foi, malgré la mauvaise foi de son auteur, il pourrait avoir intérêt à joindre les deux possessions ; mais

alors seulement au point de vue de l'usucapion trentenaire ; du reste c'est là un privilége que l'acquéreur
de mauvaise foi aurait lui-même, et, par suite, qui
ne doit pas m'occuper plus longuement.

CHAPITRE III

Autres droits susceptibles de s'acquérir par la possession de bonne foi.

25. — La bonne foi n'exerce pas seulement une
influence sur l'acquisition par le temps des immeubles corporels, mais encore sur l'usucapion de
quelques autres droits : c'est à l'examen de ces
questions que je dois consacrer ce chapitre : je veux
parler surtout de l'acquisition des servitudes et de
la franchise de la propriété. — En ce qui concerne
l'hérédité, l'usucapion de dix à vingt ans n'est pas
applicable comme le prouve la simple lecture de
l'art. 789 du C. Civ.; peu importe la bonne ou la
mauvaise foi du possesseur.

26. — A. *Servitudes personnelles.*

L'usufruit mérite d'attirer le tout premier notre
attention. Ce droit est un immeuble s'il porte sur un
immeuble comme nous l'apprend l'art. 526 : à ce
titre, il rentre dans les termes même de l'art. 2265(1),

---

(1) Cf. *Aubry et Rau* II, § 227, p. 466, et les autorités qu'ils citent;
Duranton IV, n° 502 ; *Troplong,* Prescrip. n° 855 ; *Laurent,*
Principes de Dr. civ., VI, 338 ; *Dalloz,* Rép. v° Usufruit, n° 93.

Non obstat l'art. 690 *a contrario.* L'argument n'a aucune
portée puisqu'il tendrait en cette matière à nous écarter du
droit commun.

car l'usufruit est tout au moins susceptible de quasi-possession. Je remarque que cette usucapion sera beaucoup plus fréquente que celle de trente ans, car, au bout de ce temps, le possesseur soutiendra rarement n'avoir acquis que l'usufruit, mais se prétendra bien plutôt propriétaire. La même solution doit être donnée pour l'usage et l'habitation, qui, d'après l'art. 625, s'établissent par les mêmes modes que l'usufruit.

27. — B. *Servitudes réelles.*

L'art. 690 qui les concerne est ainsi conçu :

« Les servitudes continues et apparentes s'acquiè-
« rent par titre ou par la possession de trente
« ans.» — Ce texte si court est le seul sur la matière, et c'est à ce laconisme de la loi qu'est due la série de controverses qui ont surgi. Aucune disposition légale ne requérant la bonne foi pour les prescriptions trentenaires, il en résulterait que l'examen de la question serait en dehors de mon sujet. Mais est-il vrai que l'usucapion de l'art. 2265 reste étrangère à cette matière?

D'éminents jurisconsultes (1) soutiennent que les servitudes continues et apparentes peuvent être usucapées par dix à vingt ans ; en effet, disent-ils, la loi nous montre que ce sont là des droits prescriptibles de leur nature ; de plus, ce sont des immeubles ; pourquoi leur assigner des règles spéciales et ne pas admettre l'application du droit com-

____

(1) Voy. MM. *Duranton* V. p. 603, n° 593, *Troplong, Valette.* Cbn. *Du Caurroy, Bonnier et Roustain*, T. II p. 233 n° 348,

La tradition historique milite sans doute pour ce premier système, mais est-ce une raison suffisante pour faire pencher la balance de son côté en dépit des textes du Code Code civil ? Cf. *Aubry et Rau* III, § 251, p. 767 et n° 1.

mun ? L'art. 690 est-il en contradiction avec ce point
de vue ? En aucune façon. Il ne dit pas que la prescription ne peut s'accomplir que par trente ans ; c'est
a fortiori que les servitudes peuvent-être usucapées
par un délai moindre quand l'acheteur a bonne foi
et juste titre ! — Il serait absurde, ajoutent les partisans de cette opinion, qu'on ne permît pas d'acquérir un démembrement de la propriété aux mèmes
conditions que la propriété elle-même. — Quant
aux servitudes qui ne sont pas coutinues et apparentes, l'art. 691 les déclare absolument impres-
criptibles.

Malgré tout ce que ces raisons peuvent présenter
de spécieux à première lecture, une étude un peu
plus réfléchie va nous prouver qu'elles ne doivent
pas prévaloir. Oui, sans doute, il faut être plus sévère
pour l'acquisition des démembrements de la propriété que pour la propriété elle-même : il n'y aucune
inconséquence à l'affirmer. Qu'on se pénètre, sans
parti pris, des idées de notre législation, et l'on verra,
sans grande peine, combien les auteurs du Code se
sont montrés défavorables à l'établissement des
servitudes, combien au contraire ils ont facilité leur
extinction. Si l'on désirait la démonstration de ce
que j'avance, il suffirait de remarquer que toutes
les servitudes sans distinction peuvent s'éteindre
par le non usage, tandis que, d'une part, la propriété
ne disparaît point ainsi, et que, de l'autre, pour
l'usucapion des servitudes on exige la continuité et
l'apparence. Cela posé, reportons-nous à l'art. 2264.
Voici ce que nous y lisons : « Les règles de la pres-
« cription sur d'autres objets que ceux mentionnés
« dans le présent titre, sont expliquées dans les titres
« qui leur sont propres.» Rien n'est plus formel.

Comment supposer alors, qu'en rédigeant l'article qui suit, le législateur de 1804 ait oublié de parler des servitudes? Cette omission et ce renvoi aux textes de chaque matière me semblent un argument inéluctable : on n'y a point encore répondu, et les auteurs qui s'érigent en adversaires de cette doctrine préfèrent passer sous silence cette considération quelque peu embarrassante. Du reste, l'établissement d'un jour à la distance prohibée, par exemple, est plus facilement ignoré du proprietaire que l'empiètement pour usucaper la propriété elle-même. Cela justifie pleinement la loi (1). L'arrêt de la Cour suprême du 10 déc. 1834 (2) me paraît donc avoir posé les vrais principes en décidant « qu'à « l'égard des tiers acquéreurs, comme à l'égard de « tous autres, les servitudes continues et apparentes « ne s'acquièrent que par la prescription trente- « naire.» Tout en se ralliant à cette manière de voir, quelques auteurs auraient voulu en restreindre les conséquences dans l'hypothèse suivante : *Primus* possède deux immeubles A et B qui tous deux sont à autrui ; il vend l'immeuble A à *Secundus* et constitue au profit de ce dernier une servitude sur l'immeuble B qu'il retient. On a prétendu à tort, selon moi, qu'au bout de dix ans *Secundus* aurait acquis non seulement la propriété de l'immeuble A, mais encore la servitude à titre d'accessoire.

28. — Irai-je jusqu'à dire que l'existence d'un titre est sans influence sur la quasi-possession d'une

---

(1) En ce sens, M. *Laurent*, t. VIII, p. 236, n° 194.

(2) Sirey 1835, 1, 24 ; Dal. v° Servitudes, n° 1121 ; *Bastiat*, 5 janvier 1847. (D. P. 47, 2, 3); *Agen*, 23 nov. 1857 (D. P. 58, 2, 27). *Aubry et Rau* III, p. 77, n. 1 ; *Demolombe* XII, p. 269, n° 781.

servitude discontinue ou non-apparente? Non, ce serait tomber dans l'excès inverse. Comme la Cour de Cassation, j'accorderai l'action possessoire à cet homme qui réunit à la fois titre et possession (a 23 C. Pr. C.) Mais je ne puis admettre que le titre émané d'un *non dominus* soit celui dont parle le § 1 de l'art. 691 (1).

29. — *Usucapio libertatis fundi.*

(A) *Hypothèques.* Lorsqu'un individu acquiert avec juste titre et bonne foi un immeuble grevé d'un privilége ou d'une hypothèque alors qu'il le croit complètement libre, cet acquéreur peut, au bout du temps requis pour l'usucapion de la propriété, invoquer la libération de son fonds à l'encontre du créancier privilégié ou hypothécaire. C'est là ce que nous enseigne l'art. 2180-4° du C. civ. (2).

Dans tout ce qui va suivre, je raisonnerai sur cette hypothèse, la plus simple de toutes, car il peut se faire que l'acheteur usucape à la fois la propriété contre le *dominus*, et l'affranchissement contre le créancier hypothécaire. Pour le moment, je ne m'inquiète que de ce dernier.

Ce qu'il faut noter avant tout, c'est que le délai de dix à vingt ans ne court ici au profit du tiers dé-

---

(1) L'emphytéose est-elle susceptible de s'établir par usucapion ? On me permettra de passer la question sous silence, car, à mon avis, ce droit n'existe plus en France. Voy. M. *Laurent* VIII, p. 450 n° 369.

(2) Voy. *Recueil de jurisp.* de *Guy du Rousseaud de la Combe* v° Prescription, section VI de la prescript. des biens substitués; *Pothier* Prescript., n° 136 ; *Aubry et Rau*, III, 487-497 ; II, 321, 334, 358, § 293.

En Belgique le Code civ. a été remplacé sur-ce point par la loi hypothécaire du 16 déc. 1851, a 108.

tenteur de bonne foi qu'à dater de la transcription de son titre d'acquisition. C'est une différence profonde entre ce cas et ce qui se passe pour l'usucapion ordinaire. Elle résulte de ce qu'il faut contredire le droit contre lequel on usucape, et de ce que cette contradiction n'a lieu qu'au jour où le créancier peut connaître la mise en possession du tiers détenteur. Je fais observer en passant que ce résultat ne sera atteint que si l'aliénation est consentie par le débiteur que le créancier peut surveiller ; si nous supposons, au contraire, qu'elle émane d'un *non dominus*, l'usucapion courrait néanmoins contre le créancier, à dater de la transcription, bien que ce dernier n'ait aucun moyen de se renseigner, ne connaissant point le nom du vendeur.

30. — Le juste titre consiste ici dans l'aliénation elle-même ; le silence du vendeur relativement aux charges réelles suffit (1). La bonne foi doit exister chez l'acheteur à l'instant où il transcrit le titre, puisque c'est là le point de départ légal de son usucapion. Mais, on va se demander, peut-être, comment le tiers acquéreur pourra être de bonne foi, puisque les charges réelles doivent être publiées pour être efficaces. Il semble que ce tiers acquéreur ne puisse, en aucun cas, être admis à se prévaloir de son ignorance. Il n'en est rien cependant : aucun texte ne lui fait un devoir d'aller consulter le registre du conservateur ; sans doute, il y a négligence à ne pas le faire, mais enfin ce n'est pas là de la mauvaise foi. D'autre part, eût-il pris cette précaution, et en admettant même qu'il ait vu des ins-

---

(1) Sur cette question, voy. un article de M. *Labbé*, Sirey, t. LXVII, II, nº 33.

criptions sur le registre, ne serait-il pas en droit de répondre au créancier venant lui reprocher sa mauvaise foi : « Je sais fort bien que l'inscription existe, mais rien ne me disait que l'hypothèque n'était pas éteinte, car je sais aussi que, pour éviter des frais, on néglige souvent de faire radier les inscriptions : ma bonne foi peut donc exister malgré les circonstances que vous alléguez : apportez de nouvelles preuves, si vous persistez à la combattre (1) ! »

On doit appliquer, dans le calcul des délais de l'art. 2180-4° la théorie de la jonction de possessions que j'ai développée plus haut, si le tiers détenteur est l'ayant-cause d'un autre tiers détenteur qui a déjà commencé l'*usucapio libertatis fundi*.

31. — Reste une question fort grave. Tout ce qui précède ne se réfère qu'au créancier privilégié ou hypothécaire pur et simple. Que faut-il décider, dans le cas où une condition suspend son droit ? Par exemple, je suppose que *Primus* soit créancier hypothécaire de *Secundus*, sous la modalité *si navis ex Asiâ venerit*. *Secundus*, le propriétaire, aliène le fonds A à *Antoine* : celui-ci, peut-il, avant l'arrivée de la condition, bénéficier de la faveur écrite dans l'art. 2180 ? La jurisprudence et la doctrine sont en conflit. Pour ma part, il me semble cependant que l'affirmative doit prévaloir (2). N'y aurait-il pas une inconséquence à dire : on peut s'affranchir d'une

---

(1) Par exemple, si l'acheteur avait exigé des sûretés pour se garantir de l'effet des priviléges ou hypothèques, il ne serait plus admis à se prévaloir de sa bonne foi (Bourges, 17 av. 1839).

Cf. *Aubry* et *Rau*, III, § 293, note 16, p. 494.

(2) *Aubry* et *Rau*, II, § 213, texte n° 2, lettre *b*, n. 14 et 21, et les sources qu'ils indiquent.

hypothèque existante, mais non d'une menace d'hypothèque ? On répond par l'art. 2257 : « La pres-
« cription ne court point à l'égard d'une créance
« qui dépend d'une condition, jusqu'à ce que la
« condition arrive ; » or, si la prescription ne court
pas contre la créance, elle ne court pas davantage
contre la sûreté réelle qui n'en est que l'accessoire.
Voilà certes un raisonnement en forme : il ne me
persuade pas cependant. Il renferme une confusion
complète, j'ose le dire, entre les règles de l'usucapion
et celles de la prescription libératoire ; l'art. 2257 est
fait exclusivement pour cette dernière : le nœud du
problème est donc de savoir s'il faut voir dans
l'affranchissement du fonds l'une ou l'autre de ces
deux choses.

On a pu remarquer que jusqu'ici j'ai employé à
dessein les mots *usucapio libertatis fundi :* justifier
cette terminologie, qui, peut-être, a paru étrange,
ce sera démontrer du même coup que l'art. 2257 est
absolument hors de cause dans la controverse qui
m'occupe.

La preuve de ce que j'avance, je la tire de l'art.
2173 du Code civil. L'existence, dans notre législation, d'un moyen légal donné au créancier hypothécaire pour se protéger contre toute éventualité,
alors même que son droit n'est pas encore né montre
clairement qu'il a quelque danger à redouter, je
veux parler de l'action en déclaration d'hypothèque
que rien ne pourrait expliquer si le titulaire du droit
réel ne se voyait pas exposé à une usucapion de la
part du tiers détenteur (1). On objectera, peut-être,

---

(1) V. Revue crit. de législat. XXXIII, p. 85 ; Sirey, t. LXVII
2, p. 33.

que, pour usucaper, il faut possséder quelque chose ; mais, c'est posséder quelque chose que de posséder un immeuble *libre* : on a pas plus de peine à concevoir cette possession de la franchise d'un fonds que celle d'une servitude négative, par exemple. Ce point acquis, l'argument tiré de l'art. 2257 tombe de lui-même. Nous sommes bien en face d'une prescription acquisitive, d'une usucapion proprement dite, et non point d'une prescription libératoire de la charge réelle qui pesait sur l'immeuble (1), car le tiers ne peut en bénéficier qu'à la condition d'être en possession, d'être de bonne foi et d'avoir un titre, trois éléments qui montrent l'identité entre l'institution que j'étudie et celle dont il est question dans l'art. 2265.

Les causes de suspension admises en faveur des incapables s'appliqueraient fort bien ici comme à toute autre usucapion.

32. — B. *Servitudes personnelles.*

Le principe posé par l'art. 2180 pour les privilèges et hypothèques, doit-il être généralisé et étendu à tous les droits réels qui peuvent grever la propriété? En d'autres termes, faut-il considérer ce texte comme une disposition tout exceptionnelle, ou bien le législateur y a-t-il laissé voir l'intention qui l'animait ? Sur ce point, comme sur le précédent, désaccord entre la doctrine et la jurisprudence. Essayons de nous former une conviction.

Si l'on ouvre Pothier au traité de la prescription (2),

Besançon, 19 déc. 1855; Sirey, 56, 2, p. 299; Paris, 12 juin 1866.

(1) Cf. *Aubry* et *Rau*, II, p. 388, § 218.

(2) *Pothier*, Prescription, n° 136, t. VIII, p. 451.

voici ce que l'on y lit : « Ces termes de la coutume
« « a acquis la prescription contre toutes rentes et
« hypothèques prétendues sur ledit héritage » ne
« doivent pas se prendre *restrictivè ;* sa disposition
« s'étend généralement à toutes les différentes es-
« pèces de droits réels que les tiers peuvent avoir sur
« l'héritage, qui diminuent la perfection du domaine
« de l'héritage.

Ce précédent historique signé d'un nom illustre,
semble appuyé par les termes même de l'art. 2265
« prescrit la propriété. » Ce ne serait pas acquérir
la *propriété* que d'arriver à un droit démembré qui
pourrait, dans telles ou telles circonstances, être
réduit à néant par l'importance de la charge qui le
grève. Mais le problème, avant d'être résolu, mérite
d'être examiné de plus près.

En ce qui concerne les servitudes personnelles
tout d'abord et spécialement l'usage, il paraît certain que ce droit peut disparaître par suite de *l'usucapio libertatis* accomplie au profit du tiers détenteur (1). Vainement objecterait-on à ce système que
le tiers n'a pas possédé l'usufruit; je répondrais,
comme j'ai fait plus haut sur l'art. 2180, qu'il a possédé un fonds libre et usucapé l'affranchissement;
il a possédé un usufruit causal, quoique cette terminologie surannée ne soit pas de nature à nous satis-
faire. Resterait l'argument tiré de la comparaison
des art. 617 et 2264, et qui consiste à faire remarquer
que l'on n'est point en droit d'appliquer l'art. 2265
aux servitudes personnelles, puisque nous avons un

______

(1) Sic, *Aubry et Rau*, II, p. 519-520, § 234, note 49, et les sources ; on ne peut rien conclure contre cette théorie du prétendu
silence de l'art. 579, du C. civ.

autre texte qui indique comment elles s'éteignent,
texte silencieux pour la prescription. Mais ce serait
encore une confusion identique à celle que je réfu-
tais il n'y a qu'un instant ; il ne s'agit pas, encore
une fois, de la prescription extinctive, mais uniquement d'une véritable usucapion. Or, il n'est pas de
disposition légale qui traite la matière autre que les
textes de la Section III, c. v. du titre de la prescription rapprochés de l'art. 2180. Du reste, comme le
font observer MM. Aubry et Rau, ne reconnaît-on
pas en général, que, malgré l'art. 2264, l'acquéreur
de l'usufruit d'un immeuble déjà grevé d'usufruit
au profit d'un autre, peut consolider son acquisition
par une usucapion de dix à vingt ans ? et, ne serait-
il pas souverainement inconséquent d'admettre cette
solution au profit de celui qui n'aurait acquis que
l'usufruit et de la rejeter pour un homme qui se serait cru plein propriétaire ? Dans les deux cas, la
contradiction aux droits de celui contre qui on usucape est exactement la même. — Mais dans cette
dernière hypothèse, comme l'usufruit ne peut s'é-
teindre que par sa réunion à la nue-propriété, il en
résulte que l'usucapion doit être accomplie aussi à
l'encontre du vrai propriétaire. C'est d'ailleurs une
remarque que font *in terminis* les savants auteurs
que je viens de citer (1) dans les cas où l'aliénation
émane *a non domino*. Si elle avait été consentie par
le nu-propriétaire véritable (2), l'usufruitier dépouillé
de son droit aurait un recours contre ce dernier par
le fait duquel il aurait éprouvé le préjudice. Je répè-

---

(1) V. *Proudhon*, IV, 2154-2156.

(2) Dans ce cas, le droit de l'usufruitier serait plutôt paralysé
qu'éteint.

terai ici la réflexion que j'ai déjà faite sur l'art. 2180.
L'*usucapio libertatis fundi* pourrait avoir lieu, à mon
avis, même contre un usufruitier à terme ou sous
condition ; l'art. 2257 est étranger à cette matière,
l'usufruitier n'étant point un créancier maïs bien un
titulaire de droit réel ; s'il veut sauvegarder son
droit, il n'aura qu'à intenter une action en recon-
naissance contre le tiers détenteur.

33. — C. *Servitudes réelles.*

La même question se présente encore relativement à l'affranchissement des servitudes réelles, et
ici elle est bien plus délicate que dans toutes les hypothèses que l'on vient de parcourir.

Une première opinion qui compte des partisans
illustres (1), soutient qu'en cette matière on ne peut
point usucaper malgré le juste titre et la bonne foi
l'affranchissement de la servitude. A première vue,
les raisons alléguées semblent en effet péremptoires. Le tiers détenteur, nous dit-on d'abord, ne peut
pas prescrire acquisitivement, car on n'acquiert pas
une servitude sur son fonds : *res sua nemini servit !*
En deuxième lieu, il ne peut pas être question de
prescription extinctive autre que celle de l'art. 706
c'est-à-dire de trente ans, la seule dont la loi nous
parle, et le principe de l'art. 2264 s'oppose à toute
extension de l'art. 2180. Telle est la doctrine de la
jurisprudence, thèse dont je crois avoir résumé
dans ces trois propositions les arguments principaux.

Il est bien téméraire peut-être, d'essayer une réfutation et d'engager la lutte en face de tels adversai-

---

(1) V. *Aubry et Rau*, II p. 387 (B) note 42, et les sources.
Cassat. 14 nov, 1853 (Sirey 54, 1 p. 105).

res. A quoi bon entrer en lice si l'on croit à la dé-
faite? Et pourtant j'ose ne point me ranger à cet
égard à l'opinion précédente.

J'invoquerai en premier lieu l'esprit de la loi. J'ai
déjà pu le faire remarquer plus haut, le législateur
a été très favorable à la liberté de la propriété fon-
cière et a tout naturellement été conduit à se montrer sévère pour l'établissement des servitudes : il a
dû, par suite, facilement admettre l'extinction de ces
charges par l'usucapion accomplie au profit d'un
tiers. Soit, vont me répondre mes adversaires, mais
vous ne nous apportez là qu'un argument de raison,
et ce sont des armes insuffisantes sur le terrain du
droit positif. Nous, du moins, nous nous sommes
étayés sur des textes : en trouvez-vous un seul qui
ruine notre théorie ?

Ma réplique sera bien simple : ce texte qu'on me demande c'est l'art. 2180-4° sur lequel j'ai déjà tant insisté : qu'on me pardonne d'y revenir encore. A coup
sûr, je n'irai point jusqu'à dire que le tiers détenteur possède une servitude sur son fonds : je sais
très bien que les principes traditionnels proteste-
raient avec toute l'autorité que donnent les siècles.
Mais je n'ai pas besoin, par bonheur, de semblables
subterfuges. Non, la liberté des fonds, n'est pas un
immeuble et ne peut rentrer dans l'art. 2265 (1) ;
mais l'art. 2180 me démontre qu'elle peut être possédée. Je dirai même que c'est à *fortiori* que je dois
invoquer ce texte, car s'il est permis d'usucaper
contre une hypothèque (qui, pour bien des auteurs,

------

(1) V. *Marcadé*, t. XII, art. 2265-2270 ; VI, 266, p. 293.

Cet auteur se fonde précisément 'pour défendre ce système
sur l'art. 2265, base qui me semble erronée.

n'est pas même un démembrement de la propriété)
il doit être permis bien plus aisément d'usucaper
contre une servitude. Le tiers possède ce qui lui
manque, la franchise du fonds : il empiète par là,
aussi énergiquement qu'il est en son pouvoir de le
faire, sur le droit du titulaire de la servitude; que
pourrait-on lui demander de plus ? Quánt à l'argument tiré de la combinaison des art. 2264 et 706
(C. civ.), argument que j'ai invoqué moi-même plus
haut, il doit être écarté ici, car la sphère d'application de l'art. 706 est toute différente. Ce texte n'est
fait que pour l'hypothèse où le fonds grevé de servitude est encore entre les mains du propriétaire. Mais,
dans toute cette discussion, nous nous supposons
dans l'hypothèse inverse, et l'argument d'analogie
de l'art. 2180 reprend toute sa force (1).

34. — D. Les développements trop longs qui précèdent permettent-ils de généraliser le système auquel j'ai cru devoir me rallier, et de dire que le tiers
détenteur d'un immeuble, s'il a juste titre et bonne
foi (2), peut toujours usucaper l'immutabilité de la

---

(1) Cf. V*azeille*, des Prescriptions I, 419, II, 523 ; *Troplong*,
Presc. II, 853.

Revue de droit franc. et étr. 1848, t. V, p. 748 sq.— *Demante*
II, 565 bis.

En ce qui concerne la nécessité de la transcription pour arriver à l'affranchissement des servitudes personnelles ou
réelles, la loi est absolument muette. L'analogie porte à l'exiger dès qu'il s'agit d'une *usucapio libertatis fundi*.

(2) La bonne foi consiste ici à ignorer la cause de résolution,
révocation, etc. ; c'est, comme toujours, une question de fait à
trancher : mais elle sera assez rare, le titre indiquant souvent la cause de résolution du droit du cédant. — Cf. *Aubry et
Rau*, IV, § 360, VII, § 685 quater, et VII, § 709 ; VIII, § 739. —
Vazeille, Prescription, II, nº 517-8 ; *Troplong*, II, nº 850-2. —
Amiens, 3 août 1839 (Sir. 41, 2, 190).

propriété, c'est-à-dire contre une éventualité de rescision, de révocation, d'annulation ou de résolution ? Assurément, c'est là une des plus graves difficultés de notre droit.

Le 4 décembre 1826, la Cour de Paris (1) avait eu à se prononcer sur la question relativement à l'action résolutoire en matière de vente. Le sous-acquéreur prétendait, qu'au bout du délai légal, il devait être à l'abri de toute éventualité de résolution. La Cour statua contre lui, mais les auteurs s'insurgèrent contre cette opinion judiciaire qui, du reste, demeura presqu'isolée. M. Troplong la qualifie « d'é-« tonnante erreur, » et M. Vazeille (2) y résista avec énergie. — Aujourd'hui, l'art. 7 de la loi du 23 mars 1855 a tranché la difficulté relativement à l'action dont je parle. Lisons-le :

« L'action résolutoire établie par l'art. 1654 du « Code Napoléon, ne peut être exercée après l'ex-« tinction du privilège du vendeur au préjudice des « tiers qui ont acquis des droits sur l'immeuble et « qui se sont conformés aux lois pour les conser-« ver. » Or, comme d'après l'art. 2180, le privilège sera éteint au profit du tiers détenteur, il ne saurait pas être inquiété non plus par une action résolutoire.

Ce principe doit, ce me semble (3), être étendu à toutes les hypothèses où le tiers est menacé d'une action en nullité, en rescision, en révocation du chef de son auteur, à moins que l'on soit dans une hypothèse où la loi suspende la prescription en fa-

____

(1) Paris, 4 déc. 1826 (Sir. 1825-1827, 2, 295).

(2) *Vazeille*, Prescription, loc. cit.

(3) *Aubry et Rau*, II, § 218, p. 387 (B).

veur du titulaire de l'action (1). Je donnerai la même solution pour l'action en réductic n.—Mais à partir de quel moment l'usucapion commencera-t-elle à courïr? Dirai-je avec M. Vazeille, que ce n'est, dans ce dernier cas, qu'après la mort du donateur, qu'après l'inexécution dés charges, si l'on est en face d'une donation soumise de ce chef à une révocation, qu'après la mort du donataire si l'on est dans un cas de retour? Non certes, l'usucapion utile commence *hic et nunc* au profit du tiers, du jour-même de son acquisition. Remarquons, en effet, que notre droit ne connaît point l'existence des actions *in rem scriptæ*. Entre l'héritier réservataire, par exemple, et le tiers détenteur, il ne peut être question que d'action réelle proprement dite; c'est contre cette action qu'on usucape; l'empiètement sur le droit d'autrui consistera à posséder comme propriétaire incommutable, ce qui renverse l'argument qu'on avait essayé de tirer de l'art. 954 du C. civ. C'est en vain, d'ailleurs, que cette manière de voir serait attaquée avec la maxime : *contra non valentem agere...*, maxime qui n'est écrite nulle part dans notre loi, et qu'on a tenté d'y introduire par une extension de l'art. 2257, mais que rien ne justifie, puisque ce texte doit être restreint à la matière des créances conditionnelles et n'a rien à voir absolument dans la théorie des droits réels et de la prescription acquisitive. — Sans doute, l'héritier réservataire n'aura, du vivant de son auteur, aucun moyen d'empêcher l'usucapion du tiers détenteur, car l'action en réduction n'est pas encore ouverte, mais le principe de l'art. 2251

---

(1) Art. (C. civ.), 930, 952, 954. — En ce sens, M. Mabire à son cours.

s'impose, et rien ne nous autoriserait à le tourner dans cette hypothèse.

35. — Il existe cependant une exception remarquable. Je veux parler du cas prévu dans l'art. 966 du C. civ. — On suppose qu'une donation est faite, puis que le donataire vend l'immeuble donné à un tiers de bonne foi ; vingt ans s'écoulent, puis un enfant naît au donateur, la donation est résolue. Si nous n'avions que les règles générales, nous dirions : l'action du donateur contre le tiers échouera, car ce dernier, remplissant par hypothèse toutes les conditions requises, aura, à ce moment, usucapé l'immutabilité de la propriété à son profit. — Ce résultat est impossible à cause de l'art. 966 qui introduit deux anomalies juridiques :

1° Il applique la règle : *actioni non natæ non præscribitur* dans une matière pour laquelle cette règle n'était point faite : l'usucapion de trente ans est la seule possible.

2° Les trente ans, au lieu de courir à dater de la naissance du premier enfant qui, seule a révoqué la donation, ne comptent que du jour de la naissance du dernier enfant, même posthume. Cette disposition a paru si inexplicable à M. Demolombe, que l'illustre savant a tenté d'y résister (1).

Pour M. C. de Santerre, l'art. 966 ne viserait qu'une question de confirmation du droit du donataire, confirmation qui, devenant à chaque naissance de plus en plus improbable, verrait son point de départ renouvelé à cause de cette improbabilité même. Les ayants-cause du donataire seraient admis à invoquer cette confirmation, quoi qu'ils n'aient point eux-

---

(1) *Demol.*, Donations, III, n° 813, in f., p. 698-9.

mêmes dix ans de possession, mais ces ayants-cause pourraient, de leur côté, usucaper par dix à vingt ans s'ils étaient de bonne foi.

Ce système est fort ingénieux sans doute, mais je ne puis l'accepter malgré l'autorité qui s'attache au nom de son défenseur ; l'art. 966 ne fait aucune distinction, et cela est d'autant plus caractéristique qu'il reproduit exactement les termes de l'ordonnance de 1731 (a 45 (1) ; or, ce dernier texte avait été édicté en partie pour faire disparaître le système de Ricard qui avait déjà, dans notre ancien droit, proposé la distinction ressuscitée par MM. Demante et Colmet de Santerre.

---

(4) *Demante et C. de Santerre*, IV, p. 257-261.
Locré, Lég. civ., t. XI, p. 227-230.

DEUXIÈME PARTIE

CHAPITRE PREMIER

**Conditions requises pour l'acquisition des fruits
par le possesseur de bonne foi.**

36. — « Le simple possesseur, dit l'art. 549 du C.
« civ., ne fait les fruits siens que dans le cas où il
« possède de bonne foi : dans le cas contraire il est
« tenu de rendre les fruits avec la chose au proprié-
« taire qui la revendique. »

Art. 550. — « Le possesseur est de bonne foi,
« quand il possède comme propriétaire en vertu
« d'un titre translatif de propriété dont il ignore les
« vices. »

« Il cesse d'être de bonne foi du moment où ces
« vices lui sont connus. »

Tels sont les seuls textes sur la matière. Mais
bien d'autres articles parlent d'acquisition de fruits

faites par des personnes auxquelles souvent, à tort selon moi, on donne le titre de possesseurs de bonne foi (1). J'ai placé en tête de ce travail un aperçu ra-

---

(1) La jurisprudence étend les art. 549 et 550 dans les cas prévus par les art. 954, 1184, 1654 où il s'agit de conditions ré_ solutoires qui anéantissent rétroactivemeut le titre. (Cass. 15 déc. 1862, Sir. 63, 1, 59). Les art. 856, 928, 958, 962, 1005, 1682 donnent des règles spéciales à suivre sans avoir à recourir aux pricipes des art. 549 et 550. Dans les deux hypothèses de ré- solution et de révocation du titre, le droit aux fruits peut être justifié comme compensation des charges d'administration que le propriétaire sous condition résolutoire a supportées; mais spécialement dans le cas de résolution on ne peut appliquer les art. que je commente à cause de l'effet rétroactif de cette modalité qui doit faire considérer le défendeur comme n'ayant jamais eu de titre. D'ailleurs jusqu'à l'action intentée, peut-on dire qu'il ait possédé comme propriétaire? Non sans doute, il l'était. Son titre était-il vicieux? Non encore, il était soumis à une éventualité de chute. Enfin ignorait-il cette éventualité? Le plus souvent, il la connaissait fort bien. A ces trois points de vue je ne saurais acquiescer à une doctrine qui tend à faire la loi au moyen d'une interprétation prétorienne. — J'en dirai autant pour les cas de nullité et de rescision, et, en cela, je me sépare de MM. Aubry et Rau. Ces éminents esprits (t. II, § 206, p. 267 n° 2) croient pouvoir tirer de l'art. 1378 un argument en faveur de leur thèse en faisant remarquer que « l'annulation d'un acte translatif de « propriété enlève rétroactivement à celui auquel la chose « productive de fruits avait été livrée en vertu de cet acte, « tout droit non-seulement à la propriété, mais encore à la « jouissance de cette chose et le réduit à la simple condition « de possesseur de la chose d'autrui. » Mais en admettant complètement ce point de départ, ne voit-on pas qu'il nous conduit à écarter ici l'application des art. 549 et 550 ? En effet, puisque le titre est annulé, même dans le passé, le possesseur manque de l'un des éléments nécessaires pour acquérir les fruits : si on les lui laisse, ce que je ne conteste pas d'ailleurs, ce ne peut être qu'à un autre titre, et c'est là une question dans l'examen de laquelle je ne saurais m'engager.

pide de ce que j'entendais par un possesseur de bonne foi ; je pourrais donc me contenter de renvoyer aux quelques notions que j'ai cru devoir donner alors, afin de limiter la sphère dans laquelle je comptais me mouvoir. Je ne m'occuperai nullement, disais-je, de la situation de celui qui est soumis à une action en rescision, en nullité, en résolution ou en révocation, mais uniquement du défendeur à une action en revendication, c'est-à-dire qu'aucun lien d'obligation ne rattache à son adversaire. Je suis d'autant plus autorisé à me borner ainsi, que telle est la marche suivie par tous les auteurs que j'ai été à même de consulter, et que, d'autre part, c'est bien là l'hypothèse prévue par la loi elle-même qui nous parle d'un homme qui a l'*animus domini*, un titre qu'il croit *translatif*, et face à face avec un propriétaire qui *revendique*.

Cela posé, je puis immédiatement aborder l'examen des deux conditions que les textes exigent : la bonne foi et le titre.

37. — A. *De la bonne foi dans la théorie de l'acquisition des fruits.*

La constation de son existence chez le possesseur est avant tout une question de fait. Il est à remarquer qu'elle doit être pleine et entière; il ne suffirait pas que le possesseur se crût ayant-cause du vrai propriétaire s'il connaissait un seul vice de son titre ; cela, dans une opinion au moins, sans aucune distinction entre la nature des vices. — Que faudrait-il penser cependant si le possesseur avait acheté d'un incapable sans suivre sciemment les formes légales, mais dans la persuasion que la vente étant favorable à l'aliénateur, celui-ci la con-

firmerait? La jurisprudence (1) admet l'acheteur à
se prévaloir de sa bonne foi même ici, pour l'acquisition des fruits. Il va sans dire qu'il importe peu,
comme je l'ai déjà dit pour l'usucapion, que l'erreur soit une erreur de droit ou de fait (2).

38. — B. *Du titre*. Le possesseur doit avoir un titre translatif de propriété (3) dont il ignore les vices. Voilà ce que nous enseigne le texte sur cette
deuxième condition.

Du rapprochement des art. 550, 2265, 2267, dit une
première doctrine (et c'est l'opinion générale), il ressort que, dans la matière de l'usucapion, le titre est
un élément à part qui ne se confond pas avec la
bonne foi, tandis qu'il en est autrement dans la
théorie de l'acquisition des fruits. — Sans aucune
distinction entre les vices de forme ou de fond, le
titre putatif est complètement suffisant ici. Voici
comment raisonnent les partisans de ce système (4):

La disposition de l'art. 2267 n'a point été reproduite par l'art. 550 : ce silence est caractéristique :
il prouve que les vices du titre sont sans influence
en notre matière. La loi n'exige qu'une seule chose :
une bonne foi plausible : c'est en considération de
de cet élément qu'elle reconnaît le droit aux fruits.

---

(1) Amiens, 18 juin 1814 (Sirey, 1812-14, 2, 394) ; Req. rej
5 déc. 1826 (Sir. 1825-27, 1, 472). — Cbn. *Laurent*, VI, n° 214,
p. 287, n° 218, p. 290. — *Dal.* Rép. Prop., n° 320.

(2) *Aubry et Rau* II, § 206, p. 269 texte et note 12.

(3) Il faut mettre sur la même ligne les titres translatifs ou
constitutifs d'usufruit ou d'usage. (*Aubry et Rau* II, § 206,
p. 267 et sq.)

(4) *Zachariæ*, § 201, texte et n. 3. — *Aubry et Rau* II, § 206,
p. 269 note 11 et les autorités qu'ils citent p. 271 note 19.
Demolombe, IX, n° 597, 599, p. 506, n° 615, sq. p. 530. — *Dalloz*
v° Prrpriété n° 329 ; cbn. n° 311.

— Logiquement, ce système est obligé d'aller jusqu'à dire que s'il n'y a pas de titre du tout, aux yeux du législateur, la même solution doit être généralisée pour peu que le possesseur s'imagine en avoir un (1). Voici par exemple un légataire dont un testament postérieur a révoqué le legs à son insu : il devra, malgré son défaut de titre, bénéficier des fruits. Même solution encore pour un donataire qui n'aurait reçu qu'en vertu d'un titre sous seing privé et qui prouverait qu'il ignore le droit (2).

39. — Cette théorie est, on le voit, d'une grande simplicité. Elle ne fait qu'une seule restriction pour l'hypothèse où le possesseur aurait acquis contre la prohibition de la loi ; c'est, si on le veut, un maire qui, malgré la défense de l'art. 1596 du C. civ., qu'il ne connait pas, s'est rendu adjudicataire d'un immeuble appartenant à la commune qu'il administre : on ne peut pas admettre, disent les arrêts de la Cour suprême, et après eux, MM. Aubry et Rau, que la loi soit ouvertement violée au préjudice de ceux qu'elle protége ; « la question d'acquisition des fruits est dominée par un principe d'un ordre supérieur. » (3) — J'avoue ne pas comprendre du tout la portée de cette remarque. Comme le fait observer

______

(1) *Aubry et Rau* II, § 206, p. 271 initio, et jurisp. note 17 sauf l'arrêt de la Cour d'Angers du 9 mars 1825 qui ne se réfère pas à la question elle-même. — La seule chose que le Code aurait voulu proscrire, ce seraient les titres constatant la précarité dans la possession. Quant à l'erreur de droit sur le titre, elle n'aurait d'autre résultat, comme je l'ai déjà fait observer plus haut, que d'entraîner pour celui qui veut s'en prévaloir le fardeau de la preuve de sa bonne foi ; l'erreur de fait serait au contraire présumée. (Art. 2268).

(2) Colmar, 18 janv. 1850 (D. P. 51, 2, 161).

(3) *Aubry et Rau* II, § 206, p. 270 n. 14.

M. Zachariæ, c'est tout l'un ou tout l'autre, il n'y a point de milieu ; la distinction qu'on propose est absolument arbitraire et, comme telle, doit être proscrite. C'est toujours au préjudice de quelqu'un que le possesseur de bonne foi fait les fruits siens. Dira-t-on que la loi protége moins le propriétaire que les communes? ou bien (ce qui serait au moins singulier) qu'une présomption de connaissance de la loi pèse sur les administrateurs de ces dernières?

40. — Malgré tout ce que ce premier système présente de séduisant, M. Laurent n'a pas cru devoir s'y rallier. Le savant professeur belge (1) propose une théorie toute différente : pour lui, jamais un titre putatif ne peut suffire. Que nous dit en effet la loi? Elle veut un titre translatif. Que disent les interprètes? Le titre est inutile! Voilà en deux mots le résumé de l'opinion généralement enseignée : elle affirme que le titre est, dans l'art. 550, une condition de la bonne foi, tandis que rien ne le laisse supposer.

Dois-je l'avouer ? J'ai longtemps hésité entre ces deux manières de voir qui comptent toutes deux de si illustres défenseurs. Mais une étude plus réfléchie m'a convaincu de la vérité juridique de la théorie belge : quelques mots ne paraîtront pas inutiles, j'espère, pour dissiper ce qu'elle pourrait, au premier abord, présenter d'incompatible avec les idées qui précèdent.

En ce qui concerne le titre inexistant, la question pour moi n'a jamais fait de doute. Comment soutenir que le néant puisse équivaloir à un titre translatif que la loi exige? Sans le respect que je

---

(1) *Laurent,* Principes de Droit civ. VI, n° 209 sq. p. 279.

dois à mes adversaires, je serais bien tenté de leur
dire qu'ils commettent une véritable erreur en assi-
milant les deux choses. J'aimerais mieux, à leur place,
proclamer bien haut que la bonne foi est la seule
condition nécessaire pour l'acquisition des fruits.
Mais alors à quoi bon le texte parlerait-il de titre? (1)
Pour nous dire que, s'il existe, la bonne foi sera
plus probable? il faut convenir qu'un législateur
était inutile pour cela. Ainsi, pour moi, dans cette
hypothèse, aucune acquisition de fruits ne sera
possible (2).

Quid juris, si le titre n'est que vicieux? Une distinction est indispensable, ce me semble. S'il est nul
de nullité absolue, il ne peut pas produire d'effet
plus que s'il n'existait pas. Tel sera le cas prévu
dans l'art. 1596 (3), et alors mon système est en
harmonie avec celui de la Cour de cassation, mais
cela pour d'autres raisons. — S'il ne s'agit au contraire que d'une nullité relative, alors le titre de
possesseur sera suffisant pour lui donner droit aux
fruits. Assurément on ne fera pas à cette opinion le
reproche de ne pas tenir compte de tous les termes

---

(1) *Laurent*, Princ. de Dr. civ. VI, n° 211, p. 282.

(2) M. Laurent considère un testament nul en la forme comme
inexistant; mais il n'en serait pas de même pour cet auteur
de l'acte passé par un tuteur hors des formes légales : quant
au partage, il ne constituerait pas un titre par lui-même,
mais servirait à constater le titre d'héritier qui lui en est un
pour l'acquisition des fruits.

Sur la question du titre putatif, voir *Dalloz*, v° Propriété,
n° 312 ; Rejet, 4 août 1851 (D. P., 54, 1, 335) ; 6 janvier 1825 (Dal.
v° Propriété, n° 312-314) Cass. 8 janv. 1872 (D. 1873, 1, 57).

(3) Ce point est encore vivement discuté. Beaucoup de jurisconsultes ne voient dans cette nullité qu'une nullité relative·
(Voy. Laurent VI, n° 219, p. 292, et les autorités qu'il cite.

de notre texte, mais on lui objectera peut-être l'art.
138 qui statue pour un cas où le possesseur est un
héritier apparent, c'est-à-dire sans titre, et où il
fait néanmoins les fruits siens. Ma réponse sera
bien simple : ce n'est point *a simili* qu'il faut argumenter de cette disposition, c'est *a contrario*. D'ailleurs, si l'on voulait aller au fond des choses, ne
pourrait-on pas dire que le titre existe même dans
cette hypothèse? C'est l'envoi en possession des
biens de l'absent qui le constitue. — Mais sans user
de cette subtilité, le législateur a cru devoir insérer
une disposition formelle dans le Code, ce qui aurait
été bien superflu si les principes généraux eussent
suffi pour attribuer les fruits aux envoyés! Un texte
était indispensable précisément parce qu'il n'y a
pas de titre dans le cas de l'art. 138 et que l'extension de la règle de l'art. 550 n'était pas admissible :
l'argument *a contrario* est excellent ici, car il nous
ramène au droit commun.

41. — Mais je dois aussi laver cette doctrine du
reproche de contradiction avec l'opinion que j'ai
émise plus haut. Le possesseur de bonne foi, dont
nous allons nous occuper, disais-je, n'est pas un
défendeur à une action en nullité. Maintenant
j'ajoute : le titre annulable seul peut être invoqué
par le possesseur qui a ignoré les vices : l'antinomie n'est-elle pas évidente ? — Eh bien! non encore,
il n'y a pas la plus légère incompatibilité entre ces
deux choses, si l'on veut bien remarquer qu'il ne
s'agit en rien des rapports entre le possesseur et le
titulaire de l'action en nullité, mais bien du conflit
avec le propriétaire. Je fais l'hypothèse suivante :
un mineur vend seul l'immeuble A qui appartient à
Primus ; l'acheteur croit que la minorité ne fait pas

obstacle à la validité de la vente : il fera les fruits siens et pourra dire à *Primus* quand celui-ci l'attaquera par la revendication : soit, je vais vous rendre l'immeuble, mais je garde les fruits, car je suis un possesseur de l'art. 550 !

De même, si l'immeuble est présenté à *Antoine* comme dotal par une femme, et si l'acheteur croit à la possibilité juridique de cette aliénation (ici il y a deux erreurs juxtaposées). Lorsque *Primus* revendiquera, *Antoine* sera admis à retenir les fruits (1). Mais si ce même possesseur était défendeur à l'action en nullité du mineur ou de la femme dotale, alors la remarque faite ci-dessus (p. 167) aurait toute sa portée.

Il faut observer d'ailleurs que la bonne foi devant être absolue, il n'y a aucune inconséquence à permettre au revendiquant de prouver que le possesseur connaissait les vices du titre (2).

CHAPITRE II

Chez qui jla bonne foi est exigée et à quel moment. Fondement du droit du possesseur sur les fruits. Ce qu'il faut entendre par fruits. Comment le possesseur les fait siens.

42. — § 1. *A. Chez qui la bonne foi est exigée.*
Il serait inutile de se poser cette question, si une

---

(1) *Laurent* (Op. cit.), n° 215 ; Cassation 12 mai 1840, Dal. v° contrat de mariage, n° 3870.

(2) En ce sens, M. *Laurent* (Op. cit., n° 213 -- *Demol.* IX,

légère difficulté ne se présentait pas dans le cas d'acquisition par mandataire : il faut la prévoir et la régler.

On peut, je crois, poser comme principe fondamental que, lorsqu'on possède par autrui, la bonne ou la mauvaise foi du tiers intermédiaire est sans influence sur celle du possesseur. On a vu plus haut une solution différente cependant pour le cas où la prise de possession *ad usucapionem* se réalisait par mandataire. La raison de cette différence est, selon moi, que, dans cette dernière hypothèse, l'intermédiaire joue plus que le rôle d'instrument : il lui faut participer à l'acte à l'instant où il reçoit l'immeuble, et la nécessité de la concomitance de la prise de possession et de la bonne foi que l'art. 2265 requiert, explique notre solution ; mais, pour l'acquisition des fruits, il en est tout autrement.

Ce principe doit cependant, ce me semble, recevoir exception si le mandataire est le représentant d'une personne morale. Dans ce cas, le possesseur véritable, c'est l'être de raison chez lequel on ne peut concevoir ni bonne foi ni mauvaise foi. C'est donc chez son représentant qu'il faut se demander si la bonne foi existe, et si, grâce à elle, la personne représentée peut bénéficier des fruits.

42. — *B. A quel moment elle est requise.*

La bonne foi s'apprécie à l'instant même où l'acquisition s'effectue. La règle : *mala fides superveniens*, n'a donc rien à voir ici. La question se pose de rechef à chaque fait nouveau et s'apprécie indépen-

---

n° 606, p. 516.--Notons en terminant que le dol exclut toujours la bonne foi du premier possesseur puisqu'aux termes de l'art. 1116,, il doit émaner de la partie à laquelle on l'oppose.

damment des circonstances antérieures. D'après
cela, il est facile de concevoir que le même homme
puisse passer par des alternatives de bonne et de
mauvaise foi (1). Par exemple, un acheteur de bonne
foi découvre tout à coup que son auteur n'était pas
propriétaire : il devient possesseur de mauvaise foi.
Puis il reçoit à titre de donation le même immeuble
de celui qu'il croit être propriétaire : il redevient
possesseur de bonne foi. Enfin, il apprend que le
donateur lui-même n'était qu'un usurpateur qui
avait disposé en sa faveur du bien d'autrui : sa mauvaise foi renaît. Cette hypothèse suffira à montrer la
portée exacte de la règle.

Je suis tout naturellement amené à conclure que
la théorie sur la jonction de possession, que j'ai ex-
posée ci-dessus est tout-à-fait inapplicable en notre
matière : qu'importe que l'auteur dont j'ai hérité soit
de bonne foi si, moi, je sais que l'immeuble appartient à un tiers ? je ne pourrai plus acquérir les
fruits : tout au plus suis-je en droit de réclamer
qu'on me laisse ceux que mon auteur a perçus sans
les consommer.

44. — L'hypothèse inverse est un peu plus délicate : mon auteur était de mauvaise foi ; moi, son
successeur, je crois que l'immeuble A lui appartenait. Pourrai-je bénéficier des fruits ? La négative
est soutenue : elle s'appuie sur le texte de la loi 2,
au Code (de fruct. et lit. 7, 51); la possession se
continuerait chez moi avec ses caractères origi-
naires : cette solution n'est-elle pas dictée par la loi
elle-même qui le dit formellement pour l'usucapion ?
Du reste, l'héritier succède aux obligations de son

---

(1) *Garnier*, Traité de la possession, p. 702.

auteur, et, à ce titre seul, ne peut acquérir les fruits
(1). Ces raisons sont loin de me convaincre (2). Le
texte romain, eût-il dit ce qu'on lui prête, devrait
être écarté dans une matière où les principes du
Code civil se suffisent : mais, comme le font observer
très-bien MM. Aubry et Rau, la loi 2 au Code (7, 51)
ne parle que des fruits perçus depuis la demande, et,
pour eux, il est incontestable que l'héritier succède
aux obligations de son auteur. Quant au deuxième
argument, il résulte d'une confusion regrettable.
Sans doute, dans la matière de l'usucapion, les vices
de la possession de l'auteur ont une influence sur
celle de l'héritier, mais cela tient exclusivement à ce
que, en cette matière, on doit s'attacher uniquement
à la bonne foi concomitante à l'acquisition, et que
les modifications ultérieures restent sans influence
sur les effets de droit qui peuvent se produire. Mais
s'il est vrai que pour l'usucapion l'*initium possessionis*
soit le seul instant à considérer, cette conséquence
est inadmissible dans la théorie que j'examine.

Enfin, il est certain, d'autre part, que cet héritier
ne gagnera que les fruits qu'il aura perçus lui-même,
car ceux qui se trouvent dans la succession constituent une dette personnelle de son auteur, dette à
laquelle il succède (3).

Le moment où la bonne foi cesse chez un posses-

. (1) *Domat,* lois civ. p. I, liv. III ; *Du Caurroy, Bonnier* et
Roustain, II, p. 63, n° 101 ; *Pothier,* de la propriété, n°s 332-
336.

(2) *Aubry* et *Rau,* II, § 206, p. 272, n. 20 et les autorités
citées, p. 273, n. 22-24. Cassat. 24 mai 1848 (Dal. p. 48, 1, 200).

(3) *Pothier,* de la Propriété, n° 340-342.

Dalloz, rép. v° Propriété, n° 350.

Dijon, 12 août 1874 (D. P. 76, 2, 92).

seur doit se déterminer en fait : je n'ai donc rien à ajouter à cet égard. Une sommation extrajudiciaire est considérée en général comme suffisante pour faire naître la mauvaise foi; cela n'a rien d'absolu. C'est, du reste, toujours au demandeur à faire la preuve de cette mauvaise foi, car le principe d'équité de l'art. 2268 s'étend évidemment à notre possesseur qui a un titre, sauf l'exception introduite par la loi elle-même dans l'art. 729 du C. civ.

§ 2. — (A) *Fondement du droit du possesseur sur les fruits* (1).

45. — Cherchons maintenant à dégager sur quelle idée repose le droit aux fruits du possesseur de bonne foi. On sait que le principe fondamental du législateur de 1804, comme de l'auteur de la loi romaine, est de considérer que la propriété de la surface entraîne celle du dessus et du dessous : « *Dominus soli, dominus cœli et inferorum,* » dit un vieil adage. Cette règle n'a point été édictée pour l'hypothèse où les fruits sont encore pendants, car, jusqu'à leur détachement, ils n'ont pas une existence propre : on ne les conçoit que comme une partie du fonds producteur auquel ils sont incorporés. — Mais, une fois la séparation effectuée, quand le fruit commence à avoir une individualité, la question de l'attribution de la propriété se pose, surtout quand c'est aux soins, à la vigilance, au travail d'un autre que le propriétaire, que la production des fruits est dûe. Eh bien, même dans ce cas, les fruits doivent appartenir au propriétaire du

---

(1) *Pothier*, du dom. de propriété, n° 155, 337-339 -- *Faure*, Rap. au Tribunat, n° 8 (Locré, législ. civ. VII, p. 177) -- *Demol.* IX, p. 500, n· 592.

fonds. Ce qui prouve que telle est bien l'intention
du législateur, c'est que dans le premier projet de
Cambacérès aucune distinction ne fut admise. —
Néanmoins, comme, dans la loi romaine, la situation du possesseur de bonne foi a paru mériter une
faveur toute spéciale, et la rigueur des jurisconsultes de 1804 a dû fléchir. — Comment, voilà un
homme qui a travaillé ce champ, persuadé qu'il était
à lui, qui l'a ensemencé, labouré, cultivé avec
persévérance, et un beau jour un inconnu viendrait
lui dire : « Je vous évince, vous êtes la victime
d'une méprise : c'est moi qui suis le maître ici !
Rendez-moi ces moissons engrangées, ces fruits
que vous avez perçus! Bien plus, rendez-moi la
valeur de tous ceux que vous avez consommés
depuis votre entrée en possession, car vous ne pouvez les conserver à aucun titre!» Et ce possesseur
pourra, d'un instant à l'autre, se voir dépouillé non-
seulement du fruit de son travail, mais même être
ruiné peut-être, alors qu'il n'a, de son côté, au plus
qu'une imprudence à se reprocher. — A coup sûr,
une législation qui édicterait de telles règles méri-
terait bien des reproches ; si la loi n'est pas la morale
au moins ne doit-elle pas rompre en visière avec
l'équité la plus élémentaire. C'est ce qu'on a réalisé
par la disposition des articles 549 et 550. — Le
possesseur de mauvaise foi, au contraire, serait
injustifiable s'il ne mettait pas chaque année en
réserve les récoltes pour le cas où l'éventualité d'une
revendication le contraindrait à une restitution du
fonds. Lui aussi, dira-t-on peut-être, a cultivé le
champ pour le rendre productif; soit, mais quelle
différence profonde entre ce cas et celui que je viens
d'examiner ! Le possesseur de mauvaise foi voulait

arriver à l'usucapion : en admettant même, qu'au début de sa possession, il eût été de bonne foi, ce qui lui permettrait de se placer sous l'égide de l'art. 2265, il n'en sera pas moins coupable de chercher à s'enrichir aux détriments d'un tiers s'il tente de paralyser son droit en consommant les fruits de la chose. Il sera peut-être ruiné, ajoutera-t-on encore, si la consommation a eu lieu : certes, ce résultat est très-plausible, mais, s'il est ruiné, à qui la faute? Il aurait pu, s'il n'avait pas voulu faire un gain illicite, se prémunir contre cette éventualité de ruine : il n'a pas eu cette prudence : qu'il subisse les conséquences de son incurie !

46. — B. *Ce qu'il faut entendre par fruits.*

C'est en traitant des droits de l'usufruitier que le législateur a fixé quel était le sens exact du mot fruits : je suis, par son silence même dans les articles que je commente, autorisé à l'imiter. Aussi, ne ferai-je ici que rappeler à grands traits les règles qu'il a posées.

47. — On nomme fruit : *quidquid nasci et renasci solet.* » Tel est le seul criterium scientifique à consulter. On doit donc distinguer nettement les fruits des produits proprement dits, qui ne présentent pas ce caractère de périodicité. Sans hésiter, nous accorderons au possesseur tous ces fruits ; voilà un premier point hors de doute : j'examinerai tout à l'heure s'il ne faut pas aller plus loin et se montrer encore plus favorable au possesseur de bonne foi. Mais je tiens auparavant à dire qu'il ne faut faire, à mon avis, aucune distinction entre les fruits civils et les fruits naturels ; l'art. 549 ne nous autorise pas à en établir : quant à la manière dont le possesseur ac-

querra ces fruits, je me propose de l'étudier plus tard.

48. — Reste à se demander si les art. 592 et 598 s'appliquent à notre possesseur. La question est fort controversée et mérite une étude particulière ; on suppose qu'un possesseur de bonne foi a mis en coupe réglée une forêt, par exemple ; il s'agit de savoir s'il a quelques droits aux coupes par lui effectuées ; nous dirons non, si nous étendons les principes de l'usufruit, car il n'y a là que des produits et non des fruits ; cette solution est soutenue par d'éminents esprits (1), je la trouve tout au moins hasardée pour ne pas dire injuste ; je vais le montrer par une espèce.

Primus achète *a non domino* un fonds de terre. Il est de bonne foi. — Dans ce domaine se trouve une forêt non aménagée, une carrière non ouverte. L'acheteur, administrateur diligent et habile, fait ce que tout père de famille diligent et habile eût fait lui-même, il aménage la forêt, il ouvre la carrière et profite des coupes et des produits. Huit ans après, si on le veut, le vrai propriétaire survient et exige la restitution de tout cela sous prétexte que, dans la situation de l'acheteur, un usufruitier ne pourrait rien garder. — Soit, répondra *Primus* à cette prétention, mais je suis bien plus qu'un usufruitier ! Je me suis comporté comme un propriétaire, je n'ai pas grande faute à me reprocher, et vous allez me ruiner peut-être d'un seul coup par vos demandes

---

(1) *Duranton*, IV, nᵒˢ 350-366, p. 288. — *Garnier*, Traité de la possession, p. 708. — *MM. Aubry et Rau*, II, § 207, p. 277 initio. — *Rej.*, 8 déc. 1836. — *Dalloz*, vᵒ Propriété, nᵒ 360. — Bruxelles, 22 nov. 1828 (Pasicrisie, 1828, p. 336).

exagérées ! J'ai modelé ma jouissance sur la vôtre, j'ai fait uniquement ce que vous auriez dû faire vous-même si vous étiez demeuré en possession. Il serait très-équitable de formuler la demande que vous faites si vous étiez en présence d'un usufruitier qui aurait traité avec vous, qui aurait eu pour premier devoir de ne pas changer l'état des lieux ; mais à moi, quel est le texte qui m'impose cette obligation ? Ces bénéfices que vous me réclamez, je les ai consommés : « *lautiùs vixi !* » Je les ai considérés comme des fruits, car je me suis cru propriétaire ! » Ces raisons me paraissent bien fortes, elles sont en parfaite harmonie avec le fondement sur lequel repose la faveur accordée à la bonne foi du possesseur, et ce serait fausser, à mon avis, l'esprit de notre Code que de chercher au titre de l'usufruit le commentaire de notre texte.

Marcadé (1) a étendu cette idée à tous les produits sous prétexte que l'art. 2279 du C. civ. protégerait toujours le possesseur. Ici, je ne le suivrai plus. Mon principe est bien simple, et donne, je crois, la clef des plus importantes difficultés de la matière ; on n'a qu'une seule question à se poser : le produit considéré est-il de telle nature qu'un propriétaire vigilant y verrait un capital à mettre en réserve ? le possesseur ne pourra pas l'acquérir. Est-ce, au contraire, comme les coupes dont je parlais tout à l'heure, une de ces choses qui d'habitude sont destinées à entrer dans les revenus et ne sont considérées comme produits qu'à l'égard de certaines per-

---

(1) *Marcadé*, sur l'art. 549, n° 2, p. 352. — M. Laurent ne se donne pas la peine de le réfuter, « car il n'aime pas, dit-il, à « combattre des chimères ! »

sonnes et sous des conditions déterminées, alors je
les attribuerais, sans aucune hésitation, au possesseur de bonne foi ; il ne faut jamais oublier, en
effet, ce que disait le droit romain : « *loco domini*
« *pœne est !* » Aussi devra-t-il toujours restituer le
trésor, au moins la partie qu'il n'a pas acquise *jure
inventionis*, car ce n'est point là un revenu, mais
bien plutôt un capital (1).

49.—J'ai dit plus haut que le possesseur de bonne
foi pourrait ne posséder que le droit d'usufruit, car
c'est une servitude susceptible d'être usucapée. Ce
possesseur d'usufruit acquerra-t-il les fruits ? Non,
a répondu un arrêt de la Cour suprême (2), sous
prétexte que les fruits constituent précisément la
chose possédée. Cette doctrine, professée d'abord
par M. Garnier, qui l'a abandonnée depuis, repose
sur une confusion manifeste entre le droit et la
chose possédée. Pour l'usufruitier comme pour le
propriétaire, les fruits sont, non pas un capital,
mais un revenu. Tout est là. Je ferai seulement observer en terminant, que, dans cette hypothèse, je
n'autoriserais pas le possesseur à bénéficier des coupes faites par lui dans des forêts non aménagées,
car s'il est vrai de dire que celui qui possède *animo
domini*, doit modeler sa jouissance sur celle d'un
bon propriétaire, il est non moins vrai que celui qui
ne se considère que comme un usufruitier ne doit
pas jouir autrement qu'un usufruitier véritable.

50. — V. *Comment le possesseur fait les fruits siens.*
C'est au fait de la perception que l'on doit s'atta-

---

(1) Cf. *Duranton*, t. IV, n° 350.
(2) Cassat. 10 juil. 1849 (D. P. 1849, 1, 253).
Garnier, de la Possession.

cher. Telle est la réponse que je crois devoir donner. — La seule question qui mérite ici de nous arrêter quelques instants, est celle de savoir s'il ne faut pas admettre en cette matière la distinction entre les fruits civils et les fruits naturels, distinction fondamentale, on le sait, dans la théorie de l'usufruit.

J'ai déjà laissé entrevoir que la règle me paraissait devoir être unique (1). L'art. 586 fait pour l'usufruit est étranger à notre sujet. En France, le possesseur fait les fruits siens définitivement une fois qu'il les a perçus, mais encore faut-il une perception et la simple échéance des fruits civils ne peut y suppléer. S'il est vrai que l'art. 549 (argument du mot *rendre*) laisse encore planer quelqu'incertitude sur cette solution, cette incertitude doit se dissiper, ce me semble, devant l'art. 138 qui statue pour l'hypothèse où le possesseur est un héritier apparent et qui est aussi formel que possible. La question est très-vivement discutée cependant ; mais nos adversaires n'ont d'autre argument qu'un argument d'histoire, doublé de l'affirmation toute gratuite du reste, que l'art. 586 pose le principe général.

Toutefois, et c'est là une concession que les auteurs qui défendent l'opinion que j'ai adoptée leur font sans peine, si le possesseur avait perçu des

---

(1) En ce sens : *MM. Aubry et Rau* II, § 206, p. 275 et note 29.

Voy. aussi : *Dal.* v° Contrat de mariage, n° 3923 - 1°. — Caen, 26 fév. 1847. (D. P. 1847, 2, 136).— *Demolombe* IX, n° 629, p. 550.

En sens contraire : *Domat,* Lois civ. l. III, tit. V, sect. III, n° 8. — *Dalloz,* Rép. v° Propriété, n° 365-3°. — *Zachariæ,* § 201. — *M. Laurent* Princ. VI, p. 275, n° 206.

fruits civils par anticipation, le propriétaire aurait parfaitement le droit de lui dire : Vous avez droit aux fruits, je n'en disconviens pas, mais cela seulement pendant une période égale à votre durée de possession : rendez-moi donc tous ceux que vous avez perçus par anticipation ! Il faudrait encore mettre à part le cas où ce payement anticipé ne serait que l'accomplissement d'un usage local, comme, par exemple, les six mois de loyer que les locataires payent en certains pays, au moment de l'entrée en jouissance. Ceux-là seraient définitivement perçus par le possesseur. — D'autre part, on devrait considérer comme perçus les fruits civils dont les débiteurs se seraient reconnus tels envers le possesseur et auxquels ce dernier aurait accordé des délais : enfin ceux qu'il aurait cédés à des tiers.

51. — Le droit aux fruits cesse avec la bonne foi elle-même qui seul le justifie. Comme en droit romain, on s'était demandé dans notre ancienne jurisprudence, s'il ne fallait pas considérer la bonne foi comme persistante jusqu'à la demande libellée (1). La question avait fait naître de nombreuses dissidences : l'art. 550 a pour but de les trancher. Le demandeur pourra établir la mauvaise foi du possesseur par tous les moyens possibles, même par simples présomptions.

---

(1) *Duranton* IV, n° 361. — *Garnier*, Traité [de la posses., p. 700.

On a vu plus haut quelles difficultés la théorie des *fructus exstantes* faisait naître à Rome ; je n'y reviendrai pas ; les monuments de notre ancienne jurisprudence, prouvent les inextricables procès débattus sur ce point.

Cf. — Ordon. de 1539 a. 94. — *Guy Rousseau de la Combe*, v° Fruits, sect. 1 ; — *Pothier*, de la Propriété, n° 342.

Observons enfin, en terminant ce paragraphe, que si l'on peut usucaper sans avoir droit aux fruits, on acquiert parfois les fruits d'un fonds insusceptible d'être usucapé: Tel est le cas où le possesseur de bonne foi détient un immeuble dotal.

CHAPITRE III

Des fruits que le possesseur doit restituer — De la règle « Fructus augent hereditatem. » — Comment s'effectuent les restitutions.

A. *Des fruits que le possesseur doit restituer.*

52. — Les quelques remarques qui précèdent vont me permettre de traiter en peu de mots ce premier point. En France, c'est une observation que j'ai déjà faite, les fruits une fois acquis, le sont irrévocablement, alors même que plus tard le possesseur apprendrait que l'immeuble appartient à autrui, et qu'il n'aurait pas consommé tous les fruits antérieurement perçus. Mais, d'autre part, ce n'est qu'autant que la bonne foi dure que le droit aux fruits existe. Il en résulte qu'on peut grouper toutes les conséquences juridiques autour des principes suivants :

1º La restitution comprend : les fruits perçus depuis la survenance de la mauvaise foi (1), sans

---

(1) V. Dict. de droit et de pratique de *Cl. Jos. de Ferrière* (1749). — Ord. de 1539 à. 94— Com. sur l'ord^{ce}, *Néron* (1720) — *Bacquet*, de Droits de justice c. 8, n. 25 et la remarque. Par une singularité à noter, dans la coutume de Normandie, le principe que le possesseur de bonne foi seul jouit de cette

qu'on puisse invoquer l'art. 2277 pour les conserver (1).

2° Tous les produits qui n'ont point le caractère de revenus périodiques ; (V. pl. haut n^s 46 et sq.) (2).

3° Tous les fruits perçus depuis la demande en justice formée par le propriétaire, et même la valeur de ceux qu'il a négligé de percevoir à partir de ce moment : en effet, les règles de la prudence imposaient au possesseur l'obligation de les mettre en réserve, car il se savait soumis à une éventualité de restitution, cela alors même, ce qui n'est pas impossible, que la bonne foi eût survécu à l'action dirigée contre lui. C'est un principe de notre droit que tout doit se passer, à cause de l'effet rétroactif des jugements, comme si les parties avaient obtenu justice au jour de l'introduction d'instance. Peu importe même, comme le font remarquer MM. Aubry et Rau, que le possesseur ait obtenu gain de cause en première instance ou en appel, s'il a été condamné au délaissement après cassation. Je donnerais la même solution si la décision rendue en sa faveur avait été rétractée par voie de requête civile, et cela, sans aucune distinction entre l'hypothèse où la requête

---

prérogative jusqu'à la demande n'existait pas. « Possesseur de « bonne et de mauvaise foi, nous dit Basnage (sur Normandie, « 62) sont d'égale condition ; les fruits ne sont dûs que du jour « de l'action hors le cas de possession usurpée par force, ou « fondée sur un contrat nul ou frauduleux.»

(1) *Aubry et Rau*, II, § 219, p. 394, n. 25, et les autorités qu'ils citent.

(2) Il va sans dire que, malgré l'autorité de Marcadé, l'art. 2279 ne peut en rien fonder pour les produits un droit en faveur du possesseur : ce texte ne peut en effet servir à paralyser une action fondée sur une obligation personnelle de restitution.

civile serait ou non intervenue pour des motifs
autres que le dol personnel du défendeur (1), car
l'effet rétroactif de cette voie de procédure est indé-
pendant des moyens qui l'ont fait admettre.

Que faudrait-il décider si une première demande
avait été formée contre le possesseur, puis avait été
périmée (ou abandonnée par désistement), et que ce
ne fût qu'ensuite, et après une deuxième instance,
que le possesseur eût été condamné à rendre l'immeuble ? Pour répondre à la question il suffit de
se rappeler que l'effet de la péremption est de faire
considérer comme non avenue l'instance qu'elle
frappe. Si donc le possesseur était demeuré de bonne
foi malgré les premières attaques dirigées contre lui,
il faudrait ne le condamner à rendre les fruits qu'à
dater du moment où la deuxième action a été mise
en mouvement (3).

53. — (B) *De la règle :* « **Fructus augent hereditatem.** »

Les principes qui viennent d'être posés s'appliquent intégralement, dans le cas où le possesseur
est un héritier apparent de bonne foi défendeur à
une action en pétition d'hérédité (a. 138).

---

(1) M. Demolombe (IX, p. 556, n° 634), dans le cas de dol
personnel, soutient que les fruits sont dus dès l'introduction d'instance ; mais il abandonne cette manière de voir dans
tous les autres cas.

V. *Laurent,* Princ. VI, p. 297, n° 223.

(2) Un jugement rendu au possessoire en faveur du détenteur ne suffît pas à infirmer sa bonne foi. Cass. 5 juil. 1826
(Dal. act. Poss^re, n° 838).

(3) *Pothier,* de la Propriété, n° 342; *Duranton* IV, 362; *Demol.*
IX, 636.

Adde, à cette théorie la loi du 28 oct. 1790 a. 15, pour les
instances dirigées contre l'Etat.

Quèlques détails historiques ne paraîtront peut-
être pas hors de propos sur la vieille règle romaine :
Fructus augent hereditatem. Ils nous permettront de
voir ce qu'elle est devenue depuis le jour où le stc.
Juventien la promulgua.

Guy du Rousseaud nous apprend qu'une différence fondamentale existait entre les défendeurs à
une action en revendication et les héritiers apparents.
Ces derniers étaient astreints à restituer les fruits
sans qu'on les eût expressément demandés : « nam,
« disait-on, fructus augent hereditatem. » Pour le
simple possesseur au contraire, l'obligation de
restituer ne pesait sur lui qu'à la condition qu'on eût
spécialement conclu à cette restitution.

Le président Favre écrit (1) : « Cum fructus au-
« geant hereditatem consequens est ut fructuum qui-
« bus aucta est hereditas, perinde usuræ debeantur
« ac reliquæ hereditatis nisi à quo tempore lis con-
« testata est. Exinde namque accessionis non here-
« ditatis jure censeri incipiunt. » On faisait donc
une distinction à cette époque : fruits perçus antérieurement à la demande : ils font corps avec l'hérédité : fruits perçus depuis, ils sont dûs, mais à un
titre nouveau.

---

(1) Code, liv. IV, tit. 24, déf. 4, sur un arrêt du Sénat de
Chambéry, de nov. 1590, consacrant la distinction du frg. 51,
§ 1, D. (5. 3 de H. P.) — Voy. en ce sens : arr. du Parlᵗ de
Douai, 16 janv. 1690 ; Parlᵗ de Paris, 20 juil. 1630, 9 janv. 1657.
— Jusqu'en 1601, les intérêts judiciaires étaient inconnus dans
le Hainaut ; à partir de ce moment même, les juges n'étaient
point astreints à y condamner.

Adde : *Domat*, Lois civ., III, tit. V, sect. III. — *Pothier*, Propriété, n° 430. — *Lebrun*, Successions, liv. II, chap. VII, sect. 1,
nᵒˢ 17-18. Pour lui, le principe fléchissait déjà en considération de la bonne foi ; c'est l'origine de notre article 138.

54. — Aujourd'hui, aucune de ces distinctions ne peut plus trouver sa place devant le texte si formel de l'art. 138 (C. civ.) que l'on doit généraliser bien qu'il soit inséré au titre de l'absence (1). Une difficulté surgit cependant, il importe de la signaler en passant. Un homme meurt le 1er janvier 1860 ; *Primus*, qui se croit héritier, entre en possession le 1er janvier 1865 ; enfin, *Secundus*, l'héritier véritable, l'actionne le 1er janvier 1870.

De 1865 à 1870, il est incontestable que *Primus* a fait les fruits siens et qu'il n'en doit aucune partie à *Secundus*. Mais que faut-il penser des fruits perçus de 1860 à 1865 par l'administrateur nommé à la succession et payés par lui à *Primus* ? Ce dernier va-t-il être obligé de les mettre en réserve pour les rendre à l'héritier (2) ?

L'acceptation a un effet rétroactif ; aussi *Primus* doit-il être considéré comme ayant perçu lui-même les fruits que l'administrateur lui a restitués. Cette idée amène forcément comme conclusion, que *Secundus* n'a aucune espèce de droit sur les fruits perçus pendant les cinq premières années.

55. — On a cependant essayé de ressusciter la règle : « Fructus augent hereditatem » pour le cas

---

(1) Contrà cependant, Bordeaux, 20 mars 1831 (Dal. rép. v° Dispositions, n° 287. Cet arrêt est demeuré isolé en jurisprudence.

(2) *Demol.*, IX, p. 550, n° 629. — *Aubry et Rau*, II, § 206, p. 275, n° 28. — Cassat., 7 juin 1837 (Sirey, 37, 1, 581). — Adde : Dalloz, Rép., v° Succession, n° 416 ; Paris, 13 av. 1848 (D. P. 48, 2, 114).

M. Laurent se joint à *M. Demolombe* pour repousser la solution (Principes, IX, p. 623, n° 546) de MM. *Aubry et Rau*, à laquelle j'ai cru devoir me rallier.

où un cohéritier posséderait à lui seul la succession au détriment d'autres cohéritiers. Pour ma part, il ne m'est pas possible de me rallier à cette doctrine. Le principe de l'art. 138 s'impose avec la même force, ce me semble, dans les deux cas. Pourquoi donc vouloir l'appliquer au premier et le repousser au deuxième (1) ?

V. Comment s'effectuent les restitutions.

56. — L'art. 1er du titre 30 de l'ordonnance de 1667 portait : « (Les fruits) de la dernière année seront « délivrés en espèces, et quant à ceux des années « précédentes, la liquidation sera faite eu égard aux « quatre saisons et prix communs de chaque année, « si ce n'est qu'il en ait été ordonné autrement par « le juge ou convenu entre les parties.»

Il est intéressant de voir dans ce texte l'origine de l'art 129 du C. de Pr. civ. Il fait exactement la même distinction que l'ordonnance, seulement, à défaut de mercuriales, il exige une expertise, et si la restitution pour la dernière année ne peut se faire en nature, elle s'effectue comme pour les années précédentes. En tous cas, jamais le possesseur, fût-il de mauvaise foi, ne doit les intérêts des fruits que du jour de la demande en justice (art.

---

(1) Cf. *Demante*, t. II, p. 456, n° 384 bis, III. — Cass., 21 janv. 1852 (D. P., 1852, 1, 56.).

M. Laurent (Principes, IX, p. 618, n° 542) proteste contre l'extension de l'art. 138 à l'action en partage, tout en étant le premier à regretter sa solution. Dans ce dernier cas, l'éminent auteur belge se croit forcé par la rigueur des principes à revenir à l'art. 547 du C. civ., et déclare que la maxime « *fructus augent* » n'est nullement abrogée. — Est-il donc impossible, sans fausser l'esprit de la loi, de rejeter cette distinction ?

1153, C. civ.). Telle était aussi la décision de l'ancien droit (1).

---

(1) Les modes d'évaluation de l'art. 129 (C. P. civ.) sont d'ailleurs facultatifs pour les juges. (Cass., 16 nov. 1874, D. P., 1876, 1, 393).

APPENDICE

Particularités se rattachant à l'étude de la possession de bonne foi.

57. — Sous ce titre, je vais parcourir brièvement quelques hypothèses qui ne rentraient pas dans les pages précédentes et qui méritent cependant de fixer notre attention.

Et d'abord, le possesseur de bonne foi peut-il immobiliser par destination ? — En principe, on le sait, le propriétaire seul jouit de cette prérogative : seul, il peut effectuer l'attache à perpétuelle demeure. Cependant, la plupart des auteurs étendent cette solution au possesseur de bonne foi (1), car il possède « avec l'esprit du propriétaire, » il est, en fait, le représentant du fonds. Quelques-uns ne font pas de distinction entre les possesseurs. Je n'irai pas aussi loin : on conçoit en effet l'assimilation du possesseur de bonne foi au propriétaire, mais il n'en saurait être de même, en raison, dans l'hypothèse inverse.

En ce qui touche l'acquisition du trésor j'ai déjà dit plus haut (n° 48) que le possesseur, fût-il de bonne foi, ne peut élever sur lui aucune prétention.

---

(1) *Laurent* Principes, V, n° 437. — *Aubry et Rau* II, § 164, note 35, p. 12. — *Demolombe* IX, n°s 208-9. — *Duranton* IV, n° 59. — *Marcadé* sur l'art. 524, n° 4.

La raison d'équité qui lui fait attribuer les fruits ne se rencontre plus. D'ailleurs ce n'est point un fruit. Enfin le motif en vertu duquel le propriétaire prend le trésor (on le suppose placé dans le fonds par les ancêtres du titulaire actuel) ne saurait trouver à s'appliquer ici (1).

57 (bis). — Aux termes de l'art. 127 (C. civ.) les envoyés en possession provisoire des biens d'un absent gagnent pendant les quinze premières années les 4/5es des fruits ; pendant les quinze années suivantes les 9/10es. — Quelques personnes ont vu dans ces règles la conséquence d'une bonne foi croissante pour les envoyés. Je ne puis m'associer à cette opinion ; car (voy. n° 9 ci-dessus) la bonne foi ne peut coexister avec le doute, si léger qu'il soit : or les envoyés n'ont jamais la certitude d'être devenus propriétaires incommutables. Cela tranche la question. La disposition de l'art. 127 se justifie par cette idée que la part de fruits accordée aux envoyés, leur est laissée à titre d'indemnité pour les soins par eux donnés à la chose de l'absent. Ce qui le prouve, c'est que ce texte n'est applicable que dans les rapports entre les envoyés et la personne qui a disparu, lorsqu'elle est de retour (2).

---

(1) *Laurent*, Princ. VI, n° 205.

(2) *Aubry et Rau* I, § 153 lettre h, page 612 et note 32.

TROISIÈME PARTIE

DE LA PROTECTION ACCORDÉE PAR LA LOI FRAN-
ÇAISE AU POSSESSEUR EN CONSIDÉRATION DE
SA BONNE FOI.

---

58. — Le plan de ce chapitre est tracé par avance :
comme j'ai cru devoir le faire en droit romain, il se
divise tout naturellement en deux parties bien distinctes :

Ch. I. — Des moyens d'attaque dont le possesseur peut user s'il est de bonne foi.

Ch. II. — Des moyens de défense qui servent à le
protéger dans certaines circonstances contre l'action du propriétaire.

CHAPITRE PREMIER

**Des moyens d'attaque dont le possesseur peut
user s'il est de bonne foi.**

59. — Les moyens d'attaque dont le possesseur
peut user, sont :

1° Les actions possessoires ;

2° L'action Publicienne si tant est qu'elle existe chez nous.

60. — Quelques lignes suffiront sur les actions possessoires. Ce sont elles, on le sait, qui tiennent dans notre législation, la place accordée en droit romain aux interdits. C'est dire qu'elles ne sont point une prérogative spéciale du possesseur de bonne foi. L'art. 23 du C. de Pr. civ., que quelques auteurs complètent par l'art. 2229 du C. civ., énumère en effet les conditions requises pour qu'elles soient ouvertes, et, parmi ces conditions ne figure pas la bonne foi. Mon silence à leur endroit est donc justifié.

On lit toutefois dans le dictionnaire de Droit de Cl. Jos. de Ferrière (v° Récréance), que dans le cas où la *pleine maintenue* était adjugée au défendeur, cela le *constituait* possesseur de bonne foi, et le dispensait de la restitution des fruits, jusqu'au jour de l'arrêt rendu au pétitoire. Singulière bonne foi, en vérité, que celle qui est créée par une décision de justice! Quoi qu'il en soit de cette remarque, dans notre droit moderne, elle n'a d'autre valeur qu'un intérêt historique.

61. — Reste à savoir si notre Code a donné droit d'asile à une sorte d'action réelle, spéciale à la possession de bonne foi, en un mot, si la Publicienne existe encore. Les auteurs sont fort divisés relativement à la solution de ce problème.

On peut ramener toutes les opinions émises à trois groupes très-tranchés :

A. Le premier soutient l'abrogation complète de l'action qui nous occupe ;

B. Le deuxième soutient qu'elle existe avec les mêmes caractères généraux qu'en droit romain ;

C. Enfin, dans la troisième opinion, elle aurait reçu chez nous une extension plus grande encore que celle dont elle jouissait à l'époque classique. Où est la vérité ? J'ai presque envie de répondre : partout et nulle part ; comme dans tant d'autres sujets juridiques, le mieux serait ici de chercher à préciser le défini avant d'entrer en matière.

62. — Voici comment argumentent les adversaires de la Publicienne :

A. Le Code civil n'a rien dit de cette action ;

B. La possession n'est qu'un fait, jamais un droit ; or, un fait ne peut donner naissance à une action spéciale.

63. — On répond qu'on ne peut rien tirer du silence de la loi ; n'y a-t-il pas maints autres sujets où ce silence nous forcerait à conclure à une inexistence d'institutions, si l'on voulait être logique jusqu'au bout dans la première doctrine ? Par exemple, on est bien forcé de recourir au droit romain en ce qui concerne l'application de l'action Paulienne ; de même pour la revendication, nous n'avons que des allusions dans notre loi à cette dernière action, l'une des plus importantes cependant. Faut-il donc s'étonner que la Publicienne ait été laissée dans l'ombre, elle qui n'est, pour ainsi dire, qu'un pâle reflet de l'action réelle par excellence (1).

Du reste, si l'on ouvre Pothier (2), on voit que l'é-

---

(1) Fg. 35, pr. D. (44, 7) de Ob. et. Act.

(2) *Pothier*, de la propriété, nᵒˢ 292-294, 327. — Cependant, *M. Laurent*, Principes, VI, nᵒˢ 156 et 169-172, s'en tient au premier système, sous le prétexte que, les présomptions étant de droit étroit, c'est toujours au demandeur à prouver sa prétention, si aucun texte ne l'en dispense.

minent juriste dont les rédacteurs du Code civil se sont si fréquemment inspirés, admettait parfaitement l'action Publicienne. Rien ne prouve qu'on ait voulu innover à cet égard. Sans doute l'action fut introduite pour des motifs tout différents de ceux qui dictèrent son maintien, mais bien souvent, dans la science du droit, on est en mesure de constater ce phénomène. Ce sont des raisons d'équité et de justice qui veulent que l'arme soit à la disposition du possesseur de bonne foi, et notre législation qui se flatte d'être l'écho de l'équité et de la justice, l'aurait proscrite par prétérition ! Ce résultat n'est pas admissible.

Enfin, qu'on ne vienne pas soutenir qu'un fait ne soit pas de nature à fonder une action ; à chaque instant, un examen, même superficiel, permet de de constater le contraire. Le fait s'impose au droit, et l'influence de la bonne foi sur la possession est la démonstration la plus absolue de cette vérité. Au fond de cet argument il n'y donc qu'un sophisme ; je n'ai pas besoin de dire avec la jurisprudence et la majorité de la doctrine, que la possession est plus qu'un fait (1); il n'y a aucune bonne raison, par conséquent, pour rejeter les principes anciens exposés plus haut, notamment en ce qui concerne les distinctions à établir entre le possesseur à titre gratuit et à titre onéreux ; mais il ne faudrait pas aller jusqu'à étendre aujourd'hui notre action Publicienne aux hypothèses où la loi romaine l'accordait contre le propriétaire lui-même, résultat qui découlait d'i-

---

(1) M. Troplong (Prescription, I, n° 230) l'appelle une « *quasi propriété*. » Cette terminologie flottante n'est pas rare chez cet auteur.

dées absolument abandonnées par la législation moderne (1).

64. — Pour MM. Aubry et Rau (et j'aborde ici la troisième opinion), tout s'analyse dans une question de preuve. La complainte aurait enlevé à la Publicienne tout ce qui faisait le caractère spécial de cette action. Voici en quelques mots le résumé de leur doctrine. On suppose un conflit entre deux personnes qui ont des prétentions à la propriété :

1° Le demandeur seul a un titre antérieur à la possession du défendeur, ou bien prouve la propriété de son auteur, Il doit triompher.

2° Les deux parties ont un titre émanant de la même personne : celui qui a transcrit le premier doit l'emporter. Si aucun des titres n'est transcrit, on s'attache à l'antériorité de date certaine.

3° Les titres des deux parties émanant de deux auteurs différents, le demandeur doit, pour obtenir gain de cause, établir que son auteur l'eût emporté sur l'auteur du défendeur.

4° Il n'y a de titre d'aucun côté: « *in pari causâ melior est causa possidentis*, » pourvu que la possession soit caractérisée et exclusive. Dans le cas contraire, le juge pourrait balancer les présomptions invoquées par les deux parties : tout revient donc à une question d'appréciation (2).

65. — M. Tartufari (3) combat énergiquement la

---

(1) *Troplong*, Vente, n° 235. — *Duranton*, IV, 233. — *Delvincourt*, XVI, n° 2. — *Rolland de Villargues*, Possession, § 3.

(2) V. sur le système adopté à cet égard par la jurisprudence : Cass. 22 juin 1864 (D. P. 1864, 1, 412); Rouen, 1er février 1865 (D. P. 1866, 2, 171).

(3) *Tartufari*, del possesso qual titolo di diritti, I, n° 298, p. 336 et art. 5, n° 301, p. 338.

doctrine de la preuve présentée par MM. Aubry et Rau : « quel sera le magistrat, dit-il, qui, la mauvaise « foi et les vices de la possession démontrés, « rejettera la demande uniquement parce que le « demandeur ne sera pas en mesure de prouver sa « pleine propriété, et sous le prétexte que son titre « est postérieur à la prise de possession arbitraire « du possesseur ? » Et plus loin : « Celui-là doit vaincre dont le titre l'emportera sur l'autre. »

Pour lui, tout revient donc à un conflit de titres. On arrive alors aux conclusions suivantes :

1° Le demandeur ne peut trouver aucune résistance sérieuse s'il a un titre et si le défendeur n'en a pas. C'est la première conséquence de MM. Aubry et Rau.

2° Si tous deux ont un titre émané de la même personne, on fait triompher en général, celui qui a le premier transcrit, quoique l'autre soit en possession, car, dit-on, la transcription remplace l'ancienne tradition avec l'avantage d'une plus grande publicité. Si aucune des deux parties n'a transcrit, c'est le premier traitant avec l'auteur commun qu'il faut préférer : il a le droit le plus fort. « Nous accorderons la Publicienne à tous ceux qui, « sans avoir le fait de la possession, ont le droit de « l'obtenir comme ayant acquis de bonne foi. » C'est encore la solution de MM. Aubry et Rau.

3° Les deux parties sont ayants-cause de deux auteurs différents : en principe, on applique la règle : *in pari causâ....*, mais cela n'a rien d'absolu ; si l'un des plaideurs est ayant-cause du vrai propriétaire, il doit toujours l'emporter. Si tous deux ont traité avec des non propriétaires, il faut se demander lequel des deux titres est le mieux fondé ; on triom-

phera en prouvant que son auteur avait une
possession plus longue que celle de l'adversaire.
« Mais, ajoute M. Tartufari, dire qu'un homme qui
« a une possession exclusive et bien qualifiée peut
« l'opposer à toute allégation, à un possesseur
« ancien, et à toute présomption ; soutenir que si la
« possession du défendeur n'est ni caractérisée ni
« exclusive, et en présence des faits et des présomp-
« tions invoqués par le demandeur, le magistrat
« doit balancer les deux prétentions dans son dis-
« cernement de praticien, c'est, à vrai dire, une
« chose que nous comprenons assez mal. » On ne
peut pas prétendre que les règles de l'équité suffisent
pour faire triompher un demandeur qui n'a pas un
titre plus probant que celui de l'autre partie. Tel est
le seul criterium à consulter, c'est la base même de
l'action Publicienne.

Si j'avais à choisir entre les deux théories (et je
crois, malgré l'autorité de M. Laurent, que les
exigences de la pratique forcent le juge à opter, et à
combler ici la lacune de la loi), je préférerais la
seconde ; car, j'avoue que la balance des probabilités
admise par MM. Aubry et Rau, si aucun des deux
plaideurs n'a de titre, me paraît fort arbitraire. C'est
le point principal sur lequel le savant italien s'écarte
des auteurs français que je viens de citer (1).

---

(1) L'acheteur de bonne foi peut, en outre, agir en garantie
contre son auteur ; mais, l'étude de ce recours ne rentre pas
dans mon cadre, car ce n'est plus à titre de possesseur de
bonne foi que la loi lui accorde cette action, mais bien à titre
d'acheteur, ce qui suppose un lien contractuel entre le
défendeur et lui ; je n'ai donc pas à m'en occuper plus longuement.

CHAPITRE II

Des moyens de défense accordés au possesseur de bonne foi pour le protéger dans certaines circonstances contre l'action du propriétaire.

66. — Le problème qui m'occupe en ce moment doit être scindé, car son énoncé est plus complexe qu'on ne pourrait le croire au premier abord. J'étudierai successivement:

§ 1. — De quelle faute est responsable le possesseur de bonne foi.

§ 2. — Quelle est la situation vis-à-vis du propriétaire quand il a fait sur la chose des impenses, et particulièrement s'il peut invoquer en sa faveur un droit de rétention.

§ 3. — Quelles sont les autres exceptions qui lui sont accordées.

67. — § 1. *Des fautes dont le possesseur de bonne foi est responsable.*

Il va de soi que le possesseur dont je cherche à préciser la situation, et qui mérite, à tant d'égards, la faveur de la loi, n'est pas tenu des cas fortuits. Là n'est point la question. Mais que faut-il penser des détériorations qui proviennent de son fait ? Doit-on lui appliquer le principe : « *Qui rem quasi suam ne- « glexit, nulli querelæ subjectus est ?* »

On pressent déjà ma réponse affirmative (1) : les considérations d'équité les plus élémentaires me la

____

(1) Non obstat 1379, C. civ.

dictent. Aussi, suis-je tenté de dire que la maxime qui précède semble avoir été écrite précisément pour le possesseur de bonne foi. Le revendiquant ne peut demander qu'une seule chose, à savoir que le possesseur ne s'enrichisse pas à ses dépens : ce dernier sera donc tenu *de in rem verso* s'il a retiré un profit quelconque d'un acte par lui consommé. Supposons qu'il ait aliéné un meuble pendant la durée de sa possession, il devra restituer au propriétaire le prix qu'il en aura obtenu (1). L'art. 1380 du C. civ. prouve le bien fondé de cette assertion.

Mais à cela seulement se limitent ses obligations. Aussi, dans l'hypothèse où le possesseur au lieu de se contenter d'aménager une forêt l'aurait abattue d'un seul coup, ou aurait épuisé complètement une carrière, on serait en droit de le considérer encore comme ayant disposé d'un capital et, à ce titre, de réclamer une indemnité proportionnelle à son enrichissement.

Il y a là, on le voit, à mon point de vue, une dérogation au principe général de l'art. 1137 du C. civ., en vertu duquel notre droit a proscrit la classique théorie de Pothier, pour n'admettre, en général, que la faute considérée *in abstracto*. Mais il est à remarquer qu'il n'en saurait être ainsi, quand on est en face d'un homme qui se croit propriétaire incommutable, car cet homme est *loco domini*, et s'il y a une négligence à reprocher à quelqu'un, c'est plutôt à son adversaire, puisque ce dernier, connaissant son droit, a laissé néanmoins le tiers en possession.

---

(1) Art. 1380, C. civ. : « Si celui qui a reçu de bonne foi a « vendu la chose, il ne doit restituer que le prix de la vente.»

68. — § 2. *Situation du possesseur qui a fait des impenses sur la chose possédée : peut-il user du droit de rétention ?*

Supposons maintenant que notre possesseur ait fait sur l'immeuble des impenses plus ou moins considérables, et demandons-nous quelle sera à cet égard sa position juridique. Mais avant d'entrer dans le cœur de la question, je tiens à rappeler que, dans les pages qui vont suivre, je m'occuperai uniquement du *possesssur*, ce qui me dispensera d'examiner la question si débattue de savoir si la disposition de l'art. 555 du Code civil s'applique à l'usufruitier ou au locataire qui ont amélioré le fonds : je me restreindrai donc au possesseur *animo domini*, pour lequel, à mon avis (1), le texte que je viens de citer a été écrit, comme cela semble résulter des mots « tiers évincé » dont la loi se sert.

Remarquons en outre qu'il ne saurait être question des impenses nécessaires dues en principe, aussi bien au possesseur de mauvaise foi qu'à l'autre (2). M'étant proposé d'étudier exclusivement ce qui est spécial à la possession de bonne foi, ce serait là une digression injustifiable: Sous le bénéfice de ces deux observations, je puis entrer en matière.

Pour les impenses simplement voluptuaires, le possesseur n'a, en principe, que le droit d'enlever ce qui peut l'être sans détérioration.

69. — En ce qui concerne les constructions ou

---

(1) En ce sens, *Toullier*, III, n° 129.

(2) A la condition encore qu'il ne s'agisse pas de ces impenses qui doivent être considérées comme des charges des fruits. Quant aux impenses utiles, l'art. 1381, C. civ., a permis à certains auteurs de soutenir leur assimilation à celles dont je parle.

autres ouvrages faits par le possesseur, le texte fondamental est l'art. 555 du C. civ. Lisons-le :

555-3°. — « Néanmoins si les plantations, cons-
« tructions et ouvrages ont été faits par un tiers
« évincé qui n'aurait pas été condamné à la resti-
« tution des fruits, attendu sa bonne foi, le proprié-
« taire ne pourra demander la suppression desdits
« ouvrages, plantations et constructions, mais il
« aura le choix ou de rembourser la valeur des ma-
« tériaux et du prix de la main-d'œuvre, ou de
« rembourser une somme égale à celle dont le fonds
« a augmenté de valeur (1). »

Reste à savoir comment la plus-value doit s'apprécier. Une même chose peut en effet présenter, suivant le point de vue où l'on se place, deux valeurs très différentes. Je suppose, par exemple, que *Primus* est un industriel qui a établi une usine sur le fonds de *Secundus* pour l'exploiter. Le jour où *Secundus* revendiquera, sera-t-il astreint à payer à *Primus* la valeur *intrinsèque* de l'usine ou sa valeur

---

(1) Ai-je besoin de rappeler la classique objection tirée de la comparaison de ce 3° avec le 2° du même texte ? Le constructeur de m. f. dit-on, est bien mieux traité par la loi que celui de b. f. puisque ce dernier ne peut réclamer que la [plus-value tandis que l'autre a droit à toute la dépense. La réponse est bien simple : on oublie, en avançant ce paradoxe, que le propriétaire peut exiger la démolition de la part du constructeur de m. f., et que cette menace est une arme à l'aide de laquelle le revendiquant amènera toujours le défendeur à composition. Du reste, en traitant ce dernier comme possesseur de bonne foi (à la condition qu'on ne se soit pas déjà fondé sur sa mauvaise foi pour lui réclamer les fruits), on pourra encore éviter le 2° de l'art. 555, et le possesseur ne serait pas admis à se prévaloir de sa mauvaise foi pour se protéger : « Nemo
« auditur turpitudinem suam allegans ! »

vénale? On comprend l'écart considérable qu'il peut y avoir entre l'une et l'autre. Une distinction est, je crois, nécessaire. Si le propriétaire veut continuer lui-même l'exploitation, il devra la valeur intrinsèque ; s'il veut revendre la construction, il ne remboursera que la valeur vénale. En un mot, il payera au défendeur une somme représentative de la valeur dont il s'enrichit effectivement au jour du délaissement. C'est ainsi que la Cour suprême a décidé fort justement (1) que si la plus-value porte sur un immeuble insusceptible d'être vendu comme n'étant pas dans le commerce, on ne devrait considérer que la valeur intrinsèque de cette plus-value. Ainsi la solution doit varier comme les circonstances.

69. — On s'est demandé si le possesseur avait droit aux intérêts de ses impenses. La négative s'impose par cette double considération que les fruits de ces impenses lui appartenant, ou arriverait, en lui accordant les intérêts, à lui donner deux fois cette valeur. Ensuite, il pourrait se faire, qu'à cause de l'accumulation d'intérêts, la nécessité de cette restitution ruinât le propriétaire. S'il en est autrement pour le possesseur de mauvaise foi, c'est que celui-ci doit restituer les fruits, même ceux produits par les impenses (2).

70. — Comment le remboursement doit-il s'effectuer ? A Rome (3), on compensait la valeur des impenses avec celle des fruits. Mais ce n'était là que la conséquence toute naturelle de la nécessité de resti-

---

(1) Cassation, 26 juil. 1838. (Sir. 1838, 1, 781).
(2) Cass. 9 déc. 1839. (Sir. 1840, 1, 66).
(3) Fg. 48, de R. V. Dig. (6, 1).

tuer les fruits extants. Ce principe a* disparu,
donc la conclusion qu'on en tirait doit avoir disparu
elle aussi. La solution romaine ne devrait être maintenue aujourd'hui que pour le possesseur de mauvaise foi. Comment, en effet, pourrait-on, dans l'autre hypothèse, justifier cette prétendue compensation ? Ce serait violer l'art. 549 puisqu'on aboutirait
ainsi à enlever indirectement les fruits au possesseur de bonne foi (1).

En vain objecterait-on à cette théorie un arrêt du
6 nov. 1838 (2), par lequel la Cour de cassation rejette une demande en payement d'améliorations
par ce motif que pendant vingt ans le possesseur
avait perçu les fruits. Seulement il faut observer que
les impenses avaient, dans l'espèce, le caractère de
dépenses de revenus, qui doivent rester à la charge
des fruits ; mais il faut se garder d'étendre cette
doctrine aux impenses prises sur des capitaux véri-
tables.

71. — Dans le cas où les impenses s'élèveraient
à une somme trop considérable pour que le propriétaire pût les payer sans vendre la chose, le droit
romain n'accordait au possesseur, même de bonne foi,
que le *jus tollendi*. Pothier (3) conciliait les intérêts
des deux parties en admettant que le juge constituerait une rente dont les arrérages correspon-
draient aux revenus du capital que le possesseur
réclamerait. Ces deux solutions ne me semblent pas

___

(1) En ce sens, MM. *Aubry et Rau* II, p. 260, § 204, note 15 et
les autorités qu'ils citent.

En sens inverse : *Troplong*, Priv. et Hyp. III, n° 839 ;
Merlin, Rép. v° Améliorations, n° 2.

(2) Sirey, 39, 1, 202.

(3) *Pothier*, de la Propriété, n° 347 — *Marcadé*, sur l'art. 555.

conciliables avec le texte si précis et si formel de l'art. 555, bien que la seconde ait été proposée. Mais les juges n'ont pas le droit, chez nous, de transformer une dette de capital en une dette d'arrérages en constituant des rentes. Le seul moyen de sortir d'embarras est de se rappeler que l'art. 1244 (C. civ.) permet aux juges d'accorder des délais au débiteur, et qu'il peut ainsi échelonner ses payements.

La bonne foi du constructeur doit s'apprécier au moment même où les travaux sont effectués pour fixer son droit.

72. — Le possesseur peut-il invoquer le droit de rétention comme moyen de défense pour garantir sa créance contre le revendiquant ?

La question est, on le sent, d'une importance extrême : elle mérite un examen attentif car elle est des plus controversées.

L'affirmative a pour elle les plus éminents esprits (1). Les arguments principaux qu'ils présentent peuvent se ramener à deux : un argument d'histoire, et un argument d'équité. Examinons-les successivement.

Le droit romain accordait la rétention au possesseur. C'était devenu presque le droit commun à la dernière époque pour une personne créancière à l'occasion d'une chose dont elle était nantie. Sans doute, même dans notre ancienne jurisprudence, sous l'empire de l'ordonnance de 1667, on avait

---

(1) *Toullier*, III, n° 130 — *Duranton*, IV, n° 382 — *Troplong*, Priv. et hyp. I, n° 260. — *Zachariæ*, I, § 218 — *Dalloz*, Rép. v° Rétention — *Marcadé* sur l'art. 555 — *Demol.*, IX, n° 682, p. 604.

restreint ce droit : ainsi Pothier et Loyseau le refu-
sent au détenteur contraint au délaissement par
l'action du créancier hypothécaire. Mais le possesseur de bonne foi était certainement à cette époque
protégé par le droit de rétention.

Le deuxième argument est un argument
d'équité. M. Dalloz déclare que ce droit est de
droit naturel ; on ajoute que le système contraire
aboutit à reconnaître au possesseur un avantage
platonique sans aucune sanction. Mais reve-
nons au droit sans nous laisser égarer par de
prétendues considérations d'équité. Qu'a voulu le
législateur de 1804 ? Qu'a fait le Code civil ? C'est
tout ce qu'il nous importe de savoir.

Aucune disposition n'a reproduit l'art. 9 du titre
27 de l'ordonnance de 1667, et la loi du 30 ventôse
an XII abroge tous les textes de l'ancien droit pour
les matières règlementées par notre Code : Or, ce
dernier parle du droit de rétention dans de nombreux articles : 570, 867, 1612, 1673, 1749, 1948,
2280, à titre de mesure d'exception admise dans des
circonstances particulières de nature à le justifier.
Que veulent les auteurs que je combats ? Etendre
l'exception et en faire une règle générale.

Mais examinons de plus près cette prétendue
équité derrière laquelle on se retranche. Si le droit
de rétention est de droit naturel, c'est seulement
comme moyen de se faire justice à soi-même, c'est-
à-dire comme institution contemporaine d'un régime encore barbare ; car, somme toute, c'est le droit
pour un détenteur de s'opposer à la prise de possession de son bien par le propriétaire. Cet état de
choses se conçoit à la rigueur chez un peuple, où,
comme dans la Rome antique, la force plane au-

dessus du droit, où tout se passe sous le symbole de la lance des Quirites, où *l'optimum jus* est le droit de conquête. Mais nous sommes heureusement loin de semblables doctrines.

J'admets, pour un instant, l'existence du droit de rétention et je fais l'espèce suivante : Un tuteur vend l'immeuble de son mineur : l'acheteur de bonne foi fait des impenses considérables. Le mineur devenu majeur agit en revendication : le défendeur résiste à toute restitution avant son entier remboursement. Si le tuteur est insolvable quelle sera la protection du propriétaire ? Singulière équité que celle qui aboutit à de telles conséquences ! Si l'on se place en face d'un revendiquant pauvre, on arrive avec la rétention à tenir indéfiniment son droit en échec ; justice bien incompréhensible que celle qui consiste à protéger la possession, et à paralyser la propriété !

73. — On voudrait généraliser les textes que je citais tout-à-l'heure sous le prétexte qu'il n'y a aucune bonne raison pour ne pas le faire. Mais c'est encore là une de ces assertions qu'il importe de contrôler sévèrement. Voyons donc s'il n'est pas possible de rattacher les cas dont je parle à quelques principes qui justifient leur solution, et qui sont inapplicables au possesseur. Si je réussis dans cet essai de synthèse, il sera démontré que l'extension de la rétention est absolument interdite.

74. — Il y a d'abord une série d'hypothèses où le défendeur est en même temps propriétaire de la chose sur laquelle les impenses ont été faites. C'est ce que l'on peut aisément mettre en lumière pour les cas prévus dans les art. 867 et 1673.

A. Tout d'abord, prenons le cohéritier soumis au

14

rapport. C'est un donataire par conséquent ; or, la donation est translative de propriété (art. 711). On m'objectera peut-être que cette propriété se résout par le fait même du décès du *de cujus*. Mais il vaut mieux admettre, je crois, que la résolution est subordonnée à la condition du remboursement (1).

B. L'art. 1673 nous met en présence d'une situation tout à fait analogue. L'acheteur à réméré jouit du droit de rétention, précisément parce que le vendeur n'est qu'un créancier conditionnel de la chose vendue. Or, à titre de créancier conditionnel, il en est aussi (sauf controverse) propriétaire sous la même condition, et cette condition c'est de rendre l'acheteur à réméré absolument indemne. Jusque-là, celui-ci demeure propriétaire, il est dès lors tout simple de lui donner la rétention (2).

75. — Dans les art. 1749 et 1948 la rétention se justifie encore. D'abord, il est à remarquer que, dans les deux hypothèses, il existe, entre les parties, un lien d'obligation, ce qui n'a pas lieu entre le possesseur de bonne foi et le propriétaire ; j'ai déjà eu bien des fois l'occasion de mettre en relief cette différence fondamentale de situations.

L'art. 1749 s'explique par une idée de convention tacite entre le preneur et le propriétaire, convention par laquelle celui-ci se serait engagé à n'expulser le

______

(1) Du reste, même en admettant que la donation soit résolue, le cohéritier est tout au moins co-propriétaire du bien rapportable.

(2) L'art. 570 (C. civ.) présente aussi quelque chose d'analogue ; car, dans l'hypothèse d'une spécification, on peut dire qu'il existe une sorte de co-propriété sur l'objet nouveau qui comprend à la fois et le capital-matière et le capital-travail, fourni par l'ouvrier, si l'on me passe ce barbarisme.

fermier qu'en l'indemnisant. Quant à l'art. 1948, sa
solution s'impose d'autant plus que le dépositaire a
rendu au déposant un service gratuit, et qu'il serait
de la plus flagrante injustice de contraindre un
homme, qui a fait plus que son devoir, à courir les
chances de l'insolvabilité de son co-contractant.
L'hypothèse de l'art. 1612 n'est pas plus embarrassante ; là encore, nous sommes en face de personnes
entre lesquelles existe un lien contractuel.

76. — Le droit de rétention découle de quelques
idées bien simples en principe ; mais, encore une
fois, ce n'est pas le droit commun. Le droit commun, c'est que le propriétaire soit mis en possession
de sa chose. — Ce qui me confirme dans cette manière de voir, ce qui suffirait, à mon avis, pour
dissiper tous les doutes, c'est la disposition de l'art.
2280 du C. civ. : « Si le possesseur actuel de la chose
« volée ou perdue l'a achetée dans une foire ou dans
« un marché, ou dans une vente publique, ou d'un
« marchand vendant des choses pareilles, le pro-
« priétaire originaire ne peut se la faire rendre qu'en
« remboursant au possesseur le prix qu'elle lui a
« coûté. » Ici, le droit de rétention existe pour le
possesseur de bonne foi d'une chose mobilière, mais
la loi a pris la peine de nous le dire : s'il en était de
même pour le possesseur d'un immeuble, son silence serait impardonnable ; d'autre part, si le droit
de rétention était le droit commun, l'art. 2280 eût été
inutile. Du reste, la rétention est incontestablement
un privilège, puisqu'on ne l'invoque que pour ne pas
être mis sur la même ligne qu'un créancier chiro-
graphaire. Or (art. 2095), les privilèges sont de
droit étroit (1).

______

(1) En ce sens, *M. Laurent* (Princ., IV, 181 ; XXIX, 298). —

77. — Quelles vont donc être les garanties du possesseur de bonne foi? Il n'est pas sans ressource : en vertu de la condamnation au remboursement intervenue en sa faveur, il pourra prendre inscription hypothécaire sur tous les immeubles du demandeur (art. 2123); sa position est donc encore très bonne, et ses intérêts très suffisamment sauvegardés (1).

§ 3. 78. — Afin d'être aussi complet que possible dans l'énumération des exceptions protectrices du possesseur de bonne foi, je dois, en terminant, signaler celle de garantie.

Il suffit de supposer, pour construire une hypothèse, que le véritable propriétaire est devenu l'héritier de l'auteur du possesseur. Ce fait seul empêchera son action en revendication d'aboutir, car, en qualité d'héritier du vendeur, il est tenu des obligations de son auteur, et, à ce titre, ne saurait inquiéter le possesseur de bonne foi (2). Mais que faudrait-il décider si le propriétaire n'acceptait la succession

----

La jurisprudence, tout en s'étayant, comme les adversaires de cette opinion, sur un argument d'équité, refuse la rétention au possesseur de mauvaise foi. Rej., 25 mai 1852 (D. P., 1852, 1, 279). — Montpellier, 25 nov. 1852 (D. P., 1856, 2, 20). — Rouen, 18 déc. 1856 (D. P., 1857, 2, 109). — Grenoble, 10 juil. 1860 (D. P., 1862, 2, 41). — Cf. *Rauter*, du droit de rétention (Revue étrangère, 1841, p. 782). — MM. *Aubry et Rau*, tout en refusant en principe le droit de rétention au possesseur (II, § 219, p. 397. — III, § 256 bis, n. 13 et 18, p p. 117-8). (Cbn., autorités qu'ils citent), autorisent néanmoins le juge à l'accorder en se fondant sur l'art. 1134 (C. civ.). — Cette solution mixte me semble encore arbitraire.

(1) Cbn., *Pothier*, de la propriété, n° 343.

(2) Il est évident qu'il en serait de même si le vendeur héritait du *verus dominus*.

que sous bénéfice d'inventaire ? On peut soutenir que, même dans ce cas, il ne pourrait évincer le possesseur, car un héritier, même bénéficiaire, représente le défunt ; mais la question est délicate : je serais porté à admettre cependant l'opinion inverse. et à considérer la garantie comme une dette de la succession et non de l'héritier (1).

79. — Je dois borner ici l'étude que je m'étais proposée. Est-ce à dire que je considère les pages qui précèdent comme présentant un résumé fidèle des principales difficultés de la matière ? Non, sans doute. Il serait présomptueux de le croire, et le sentiment des lacunes et des imperfections de mon travail s'impose avec trop d'évidence, pour que l'auteur lui-même puisse s'y soustraire.

Quoi qu'il en soit, peut-être devrais-je jeter maintenant un coup d'œil en arrière : peut-être serait-il bon de chercher à rattacher, à grands traits, les solutions que j'ai admises aux principes qui les ont dictées.

Trois situations juridiques, qui se touchent par bien des points, s'offrent à nos regards : celle de l'usufruitier, celle du possesseur de bonne foi, celle du propriétaire. J'ai tenté de démontrer qu'il serait téméraire d'appliquer au possesseur les règles écrites pour l'usufruitier ; que, s'il fallait, à tout prix, trouver une assimilation, il vaudrait mieux régir la possession de bonne foi par les principes

____

(1) Voy. *Aubry et Rau*, t. VI, § 618, p. 446, et les autorités qu'ils citent.

L'exception de chose jugée peut aussi servir à protéger notre possesseur : si je n'insiste pas plus longuement sur ces points, c'est qu'ils ne présentent pas de particularités spéciales à la possession de bonne foi.

édictés pour le propriétaire lui-même. C'est ainsi que j'ai soutenu que le possesseur serait à l'abri de tout reproche et de toute réclamation s'il avait conformé son exploitation à celle du propriétaire ; c'est ainsi encore que j'ai repoussé l'extension de l'art. 586 (C. civ.) à la théorie de la possession.

80. — Les difficultés si délicates qui surgissent à chaque pas, les controverses si vives qui divisent les meilleurs esprits, les règles si incomplètes promulguées dans le Code ne permettent pas à une étude aussi abrégée que la mienne de présenter un ensemble complet et satisfaisant. Après avoir parcouru les conditions exigées par la loi pour qu'il y ait bonne foi, et les prérogatives les plus importantes qui en découlent, j'avais à parler des moyens de protection accordés au possesseur par notre droit moderne. Là encore de nouveaux obstacles se montraient à moi. — Toutes ces questions, d'un intérêt cependant si considérable, auraient mérité plus qu'une solution doctrinale ou judiciaire ; le Code est muet, et les principes qui doivent suppléer à ce silence pour guider l'interprète sont, eux-mêmes, bien souvent, marqués au coin de l'arbitraire. On a vu, par exemple, combien les plus éminents jurisconsultes hésitent à admettre aujourd'hui l'existence de l'action Publicienne ; combien il y a d'incertitudes sur les points les plus pratiques et sur les matières les plus usuelles. On ne sait même pas d'une façon bien certaine si les conditions de la bonne foi sont identiques en ce qui concerne l'usucapion ou l'acquisition des fruits, si, dans le second cas, le titre putatif ne peut pas suffire : j'ai défendu la négative, mais c'est une thèse aussi neuve que hardie due à la plume de M. Laurent. On se sépare sur les points

les plus élémentaires : comment le possesseur fait-il les fruits siens ? Peut-il se protéger au moyen du droit de rétention ? Autant de problèmes irrésolus.

En face de si nombreuses indécisions, ne m'est-il pas possible, en terminant, de formuler le vœu d'une réforme législative ?

POSITIONS

—

DROIT ROMAIN

I. — Dans le fragment 7, § 4 au Dig. pro emptore (41,4), il faut lire : « *nec dissimilis est...*» et non pas : « *nec similis est...*»

II. — Dans le fragment 4, § 19, au Dig. de usurp. et usuc. (41,3), les mots : « *si consumpti sint...*» sont dûs à une interpolation de Tribonien.

III. — Le jugement qui ordonne une restitution ne peut être considéré comme une *justa causa usucapionis* : c'est un acte déclaratif.

IV. — *L'arbitrium* du juge ne peut être exécuté en principe *manu militari*, même s'il ne s'agit de lever qu'un obstacle de fait.

DROIT CIVIL FRANÇAIS

I. — Le droit établi par l'article 2180-4º du C. civ. est une usucapion véritable, et non pas une prescription libératoire.

II. — Les aliénations consenties par l'héritier apparent ne sont pas valables.

III. — Les jugements ordonnant le délaissement de l'immeuble revendiqué sont déclaratifs, et, comme tels, ne constituènt pas de justes titres *ad usucapionem*.

Lorsque le conflit s'élève entre les ayant-cause d'auteurs différents, la transcription du dernier contrat suffit à rendre le droit de l'ayant-cause opposable à son adversaire.

V. — *L'usucapio libertatis fundi*, fait acquérir l'immeuble libre, même des servitudes réelles qui pouvaient le grever.

DROIT CRIMINEL

I. — L'interdiction légale ne peut résulter d'une condamnation par contumace.

II. — Le jury peut accorder des circonstances atténuantes en se fondant sur la trop grande sévérité de la loi.

DROIT DES GENS

I. — En l'absence de contrat de mariage, l'étranger établi en France, sans esprit de retour dans son pays, et qui s'est marié en France, est censé avoir adopté le régime de communauté légale.

II. — Le tribunal français, chargé de rendre exécutoires les jugements émanés d'une juridiction étrangère et de leur faire produire hypothèque en France, ne peut réviser le fond que s'ils ont été rendus contre un Français.

PROCÉDURE CIVILE

I. — Si une saisie brandon a été faite alors que les

fruits sont encore pendants par branches ou par racines, et si, ensuite, une saisie immobilière est transcrite avant qu'on ait fait la récolte, les fruits saisis-brandonnés sont soustraits à l'immobilisation de l'art. 682, C. P. C.

II. — La sommation dont parle l'art. 2169 du C. civ., n'est pas soumise aux formalités requises par l'art. 673 du C. P. C.

DROIT COMMERCIAL

I. — L'hypothèque légale de la femme du commerçant failli ne peut s'étendre aux constructions et améliorations, faites depuis le mariage, sur un immeuble appartenant au mari lors de la célébration de ce mariage.

II. — Les créanciers du mari peuvent seuls invoquer les restrictions à l'hypothèque légale de la femme du failli.

Vu :

Lyon, le 16 janvier 1880,

Le Doyen de la Faculté, Président de la thèse,

E. CAILLEMER.

Permis d'imprimer :

Lyon, 19 janvier 1880,

Le Recteur de l'Académie,

Em. CHARLES.

PARTIE FRANÇAISE

www.ingramcontent.com/pod-product-compliance
Ingram Content Group UK Ltd.
Pitfield, Milton Keynes, MK11 3LW, UK
UKHW021516090726
13657UKWH00001B/277